Repenser l'emploi

avec les Territoires zéro chômeur
de longue durée

Mondes
en transitions

ATD QUART MONDE
Jean-Christophe Sarrot
avec Annaïg Abjean

Repenser l'emploi
avec les Territoires zéro chômeur de longue durée

Préface de Claude Alphandéry

ÉDITIONS QUART MONDE

{LES Petits matins}

Conception graphique : Arnaud Lebassard
Couverture : Thierry Oziel
Maquette : Marie Dibe
La collection « Mondes en transitions » est dirigée par Camille Dorival

Les petits matins, 10, rue de Chantilly, 75009 Paris
www.lespetitsmatins.fr
Éditions Quart Monde, 63, rue Beaumarchais, 93100 Montreuil
www.editionsquartmonde.org

ISBN : 978-2-36383-356-3
Diffusion : Interforum – Volumen
Distribution : Interforum

SOMMAIRE

« Le travail, c'est une couverture de survie. »
Josiane Stienne, militante Quart Monde de France

« La façon la plus sûre de tuer un homme,
c'est de l'empêcher de travailler en lui donnant de l'argent. »
Félix Leclerc

« Pour nous, aucun autre projet n'est [...] comparable à [TZCLD] :
il permet que chaque personne puisse être acteur de sa vie. »
Élisabeth Gillard, militante Quart Monde de Suisse

*« If you have come here to help me, you are wasting your time.
But if you have come because your liberation is bound up with
mine, then let us work together[1]. »*
Lilla Watson, militante aborigène d'Australie, 1985

*« I can change the world,
with my own two hands[2]. »*
Ben Harper

1. « Si tu es venu pour m'aider, tu perds ton temps. Si tu es venu parce que ta libération est liée à la mienne, alors travaillons ensemble. »
2. « Je peux changer le monde avec mes deux mains. »

PRÉFACE
Par Claude Alphandéry

Président d'honneur du Labo de l'ESS, de France Active et du Conseil national de l'insertion par l'activité économique

J'aimerais apporter aux lecteurs qui ouvrent ce livre – mobilisés comme ils le sont contre la précarité de l'emploi et l'extrême pauvreté – quelques éléments tirés de l'histoire récente des luttes sociales et de ma longue participation à celles-ci.

À la fin des années 1970, à rebours des avancées économiques et sociales des Trente Glorieuses, l'économie mondiale s'était engagée dans une course sans frein pour des profits financiers sans mesure. Les effets délétères de ce retournement – précarisation et destruction de l'emploi, montée des inégalités au profit d'une très mince couche de la population – faisaient réagir vivement la société civile, alertée avec une force extraordinaire par le père Joseph Wresinski contre cette désastreuse évolution.

Des actions de lutte sociale se sont multipliées, renforcées au surplus par la résistance aux atteintes écologiques, de plus en plus menaçantes. À partir des années 1990, Patrick Valentin, avec ATD Quart Monde et en s'appuyant sur une participation active des habitants, se livrait à des recherches sur ce chômage « structurel » qui détruisait la vie de certains quartiers, de certains territoires, et qui appelait à une nouvelle approche de l'emploi, celle des expériences Territoires zéro chômeur de longue durée (TZCLD).

Moi-même, face à cette dégradation alarmante, j'étais sensibilisé à deux sortes d'impulsions : celle de Michel Rocard, Premier ministre entre 1988 et 1991, et celle de Robert Lion, directeur général de la Caisse des dépôts et consignations de 1982 à 1992. Le Premier ministre, qui venait d'instituer le revenu minimum d'insertion, s'inquiétait du «i» du RMI. Au printemps 1990, j'ai eu la chance de me trouver seul en sa présence et celle de son ministre de l'Emploi, Jean-Pierre Soisson. J'ai pu alors, pendant trente-cinq minutes, leur raconter comment des entreprises, associations et chantiers d'insertion parvenaient à recruter et à insérer des chômeurs. Convaincu, Michel Rocard demanda à Jean-Pierre Soisson de créer, pour les soutenir, un Conseil national de l'insertion par l'activité économique (CNIAE) et de m'en confier la présidence.

De son côté, Robert Lion, exaspéré par le cumul, dans certains quartiers, du manque d'entreprises, du chômage et de besoins insatisfaits, avait créé avec de grandes fondations mutualistes et caritatives un outil financier solidaire, l'association France Active, visant à la création et au soutien d'entreprises individuelles ou collectives répondant aux besoins locaux et aux difficultés de l'emploi. La présidence m'en fut également confiée.

Ces deux fonctions marquaient le lien nécessaire entre le financement d'entreprises créant de l'emploi par un effort des citoyens sur le terrain et le soutien indispensable – institutionnel et financier – de l'État et des collectivités publiques. L'affermissement de ce lien a effectivement permis, durant les trente dernières années, de créer, malgré les crises successives, un nombre impressionnant d'entreprises et d'emplois d'utilité sociale.

Mais ces succès laissaient subsister de larges zones grises, des territoires dévastés où le travail manque cruellement, alors même que des besoins immenses ne parviennent pas à être satisfaits.

L'emploi par une coopération renforcée

C'est ce problème que TZCLD s'est appliqué à résoudre méthodiquement, progressivement, d'abord sur dix territoires puis sur cinquante autres, par la création d'entreprises à but d'emploi (EBE) dédiées au recrutement de personnes durablement privées d'emploi. Leur équilibre financier est assuré par le transfert des indemnités et manques à gagner liés à l'absence d'activité (RSA, impôts et cotisations sociales non perçues, etc.), qui vient en complément des ventes sur le marché de biens et de services qu'une large partie de la population ne parvient pas à se procurer.

La mise en route de ce travail, les efforts et les succès remportés, racontés par ceux-là mêmes qui en sont les acteurs, sont passionnants, parce qu'ils aident à découvrir les problématiques de nouveaux modes de production et d'un nouveau modèle économique.

En quoi ces TZCLD sont-ils si radicalement transformateurs ? Trois points sont à souligner :

– La finalité des entreprises mises en œuvre n'est pas principalement l'optimisation du profit financier, mais l'aptitude à combattre la précarité de l'emploi et la pauvreté dans des territoires où les conditions de travail et de vie sont ravagées.

– Pour mener à bien ces combats, toutes celles et tous ceux qui sont à même de participer à la vie économique doivent être formés au savoir-faire, à l'expertise et aux technologies appropriés ; il n'est pas moins important de les incliner à l'écoute, au dialogue et à la concertation, afin de créer un climat de confiance, d'empathie et de plaisir mutuel.

– Le projet de l'EBE ne se réalise bien qu'au bénéfice d'une solide coopération entre dirigeants, salariés, fournisseurs, collectivités publiques nationale et locales et habitants des territoires. Celle-ci est la marque de fabrique de l'entreprise, la clé de sa réputation et de ses succès.

Ces exigences appellent un accompagnement délicat, complexe, à la hauteur tant des désastres écologiques, économiques et sociaux en cours que des chances inouïes de renouveau offertes par la nature et le vivant.

Les expériences menées par TZCLD n'esquivent pas les problèmes multiples à surmonter, les intérêts personnels, les divisions, les conflits ; elles cherchent à trouver des accords, à monter des entraides durables, et parviennent ainsi à créer de belles entreprises dont les succès dépassent l'objet initial (celui de créer de nouveaux emplois et des utilités sociales). Elles vont plus loin, tendent à transformer le rapport au travail et les relations sociales en ébauchant des modes de production fondés sur la solidarité, des modèles économiques de coopération, de partage, de recyclage, d'autogestion, etc. Elles ouvrent la voie à une économie durable, sociale et solidaire, dont le Labo de l'ESS puis la loi sur l'ESS portée en 2014 par Benoît Hamon ont dessiné les contours et tendu le ressort.

Plus qu'un renouveau, une « métamorphose »

Tout entrepreneur d'économie sociale et solidaire, tout fabricant de transition écologique et sociale, tout circuit court, tout système d'énergie renouvelable et partagée, toute collectivité locale en quête d'initiatives socio-économiques peut tirer profit de ces coopérations renforcées. Certaines d'entre elles – portées par l'écoute, le dialogue et la concertation – cherchent à relier transversalement plusieurs types d'activités et passent peu à peu à des dynamiques de partenariat. C'est le cas notamment des Pôles territoriaux de coopération économique (PTCE) ou des tiers-lieux. Plus largement encore, l'économie d'ensemble peut être ensemencée, pollinisée par des initiatives de ce type.

Ce n'est pas là une utopie, mais l'effet du retournement produit par le rejet de l'*hubris*, cette soif de suprématie, de domination, rejet qui est au cœur de TZCLD. Ce livre nous montre non seulement le passage du chômage à l'emploi, mais aussi celui de la concurrence à l'entraide, de l'intérêt personnel au respect du commun ; il nous mène d'une gestion purement quantitative et monétaire aux valeurs qualitatives du *care*, celles de partage, de confiance et de coopération.

À la base de cette « métamorphose », selon la métaphore chère à Edgar Morin, il y a l'éthique profonde d'une commune humanité, le désir de fraternité. Mais cette éthique ne va pas de soi ; elle est soumise à des sentiments ambivalents, voire contraires ; il faut la soutenir, l'aider dans ce bouleversement des comportements. Cette grande transformation demande du temps (c'est le propre des TZCLD) et un accompagnement dont ce livre raconte la montée progressive. Celui-ci se manifeste, bien sûr, par des moyens financiers et réglementaires nécessaires à la bonne marche des EBE et des organes de gouvernance territoriale, les « comités locaux pour l'emploi ». Puis il s'élargit en s'ouvrant à une nouvelle philosophie, à une autre manière de penser l'emploi, que Laurent Grandguillaume, alors député, aujourd'hui président de l'Association nationale TZCLD, précisait le 10 février 2016 devant l'Assemblée nationale : « Il s'agit de créer, à travers des activités économiques, des emplois durables en s'appuyant sur la force créatrice des acteurs locaux. »

C'est dire que toutes celles et tous ceux qui participent à la vie des Territoires zéro chômeur cherchent à résoudre les multiples problèmes (de santé, d'habitat, d'alimentation, de transports, etc.) qui pourrissent la vie ; ils échangent des idées, découvrent et expérimentent des solutions intelligentes qu'ils adaptent aux besoins à satisfaire et aux emplois à créer. Ces acteurs locaux ont ainsi plusieurs rôles : ils sont les bons outils d'une société qui se transforme, qui se veut plus juste, plus heureuse, plus respectueuse de la nature et de l'humain ; ils sont simultanément les ressorts d'un État démocratique et décentralisé.

La résistance au déclin porte en elle les promesses de l'avenir.

INTRODUCTION

Le principe de l'expérimentation « Territoires zéro chômeur de longue durée (TZCLD) » – dont le but est d'éradiquer la privation durable d'emploi – est de créer autant d'emplois décents que de besoins sur un territoire, grâce à une mobilisation de tous ses acteurs et à un mode de financement qui transfère vers ces emplois les différents coûts liés au chômage de longue durée.

Six ans après son démarrage – et même plus si l'on considère que les premiers territoires ont commencé à se mobiliser en 2014 à Pipriac/Saint-Ganton, Colombey-les-Belles, Mauléon et Prémery, en 2015 à Jouques et en métropole lilloise, et en 2016 à Thiers et Villeurbanne –, cette expérimentation interroge à la fois l'insertion par l'activité économique (IAE) et l'économie sociale et solidaire (ESS), le fonctionnement du marché de l'emploi, les politiques de lutte contre le chômage et l'action des collectivités territoriales.

Les acteurs de ces différents secteurs se sont en effet associés pour répondre à l'effort collectif assigné par la loi d'expérimentation du 29 février 2016, prolongée par celle de 2020 : mettre un terme à la privation durable d'emploi[3]. Les uns et les autres ont des interprétations parfois diverses de

3. Une personne privée durablement d'emploi est une personne qui, depuis un an ou plus, n'arrive pas à accéder à un emploi décent dans les conditions normales du marché du travail de son territoire ; soit elle ne trouve aucun emploi, soit ceux qu'elle trouve ne sont pas suffisamment stables ou rémunérateurs pour qu'elle puisse loger décemment sa famille et lui apporter la sécurité nécessaire.

cette expérimentation, en fonction de leur culture, de leur position et de leur capacité à dialoguer avec les citoyens les plus éloignés de l'emploi ainsi qu'avec les autres acteurs de leur territoire. Quelle signification donner aujourd'hui à cette expérimentation ? Quelle vision de l'emploi et de l'humain, quel projet de société dessine-t-elle ?

Lors de leur mobilisation entre 2014 et 2016 contre un chômage structurel massif, les promoteurs de cette « utopie réaliste » – selon les mots du député rapporteur de la loi de février 2016, Laurent Grandguillaume – ont mis en avant la capacité d'innovation des territoires et des personnes privées d'emploi pour trouver de nouveaux gisements d'activités. Ils se sont appuyés sur une étude macroéconomique d'ATD Quart Monde qui souligne que des emplois supplémentaires peuvent être financés par le montant des dépenses et des manques à gagner liés au chômage de longue durée[4]. Avec ce principe d'« activation des dépenses passives » du chômage (qui présente l'avantage – ou l'inconvénient – de pouvoir être interprété de différentes manières), les promoteurs de l'expérimentation ont pu arguer que ces créations d'emplois représenteraient un coût nul pour la société.

La vision majoritairement partagée par ces acteurs était que les futurs Territoires zéro chômeur de longue durée auraient une fonction contracyclique : quand l'économie retrouverait la santé, les entreprises à but d'emploi (EBE) créées pour l'occasion perdraient naturellement une partie de leurs salariés. Il s'agissait donc d'imaginer de nouvelles structures tremplin capables, à terme, de « ramener l'ensemble des demandeurs d'emploi vers le monde de l'entreprise », comme l'a déclaré la ministre du Travail Myriam El Khomri

4. Denis Prost, « Étude macro-économique sur la privation d'emplois », ATD Quart Monde, 2015.

le 10 février 2016 à l'Assemblée nationale, plutôt que de concevoir de nouvelles manières de travailler au sein de structures gouvernées collectivement et n'ayant plus le seul profit financier comme objectif. Les années 2017-2021 ont ainsi vu le déploiement du projet dans dix premiers territoires sur un terrain préparé par diverses expérimentations d'ATD Quart Monde depuis les années 1960 et par celle de Patrick Valentin en 1995 (chapitre 1).

Cette expérimentation a ouvert une brèche avec sa perspective novatrice : penser les créations d'emploi d'abord avec les personnes qui en sont le plus privées, plutôt qu'en partant des activités solvables. Elle ébranlait ainsi les représentations et les imaginaires communs sur l'emploi (chapitre 2), dans lesquels la responsabilité du chômage est le plus souvent attribuée au manque d'efforts ou de compétences des personnes concernées et où l'emploi est un sous-produit de l'économie. L'évolution de ces représentations est une condition indispensable à l'engagement dans la durée des acteurs de l'expérimentation et à la pérennisation de celle-ci.

Les nouvelles structures locales de coopération du projet TZCLD (le comité local pour l'emploi et l'entreprise à but d'emploi) offrent un cadre inédit pour que les contours de l'emploi conçu comme un « bien commun » puissent s'affiner mois après mois, territoire par territoire : la mobilisation de nombreux acteurs, la gouvernance partagée, l'accès inconditionnel pour tous, l'utilité sociale. L'expérimentation apporte de nouvelles dimensions au pouvoir d'agir citoyen et à l'ESS dans leurs capacités à renforcer la résilience économique, écologique et sociale des territoires (chapitre 3).

Parmi les acteurs impliqués sur les Territoires zéro chômeur de longue durée figurent les employeurs privés et publics du marché du travail traditionnel qui étudient depuis plusieurs années diverses manières de mieux concilier leurs impératifs avec ceux de leurs salariés, de la société et de la planète – parmi lesquelles la responsabilité sociétale des organisations, les entreprises à mission, la qualité de vie au travail[5], l'amélioration continue de la qualité, le management par la qualité totale, les indicateurs ESG (environnementaux, sociaux et de gouvernance)... Sans leur participation, comment garantir l'accès de tous à un emploi décent ? Car les seules entreprises à but d'emploi, aussi nombreuses qu'elles puissent devenir, ne suffiront pas pour atteindre cet objectif. Soulignons que, dans le projet TZCLD, un emploi décent est un emploi en CDI, rémunéré au moins au Smic et à temps choisi.

Nous tenterons de comprendre (chapitre 4) comment l'expérimentation peut amener ces employeurs à adopter de nouvelles pratiques et de nouveaux outils – étant entendu que la durée de l'expérimentation est encore trop courte pour démontrer que les EBE sont des entreprises réellement inclusives qui auraient atteint tous leurs objectifs.

Autres partenaires engagés sur les TZCLD : l'État, les administrations et les collectivités (chapitre 5). Dans quelle mesure peuvent-ils se saisir des pratiques qui s'y élaborent pour s'en inspirer dans leurs politiques et enrichir la participation des citoyens à la démocratie ? L'expérimentation montre que les gisements d'activités et de compétences se trouvent au plus près des territoires et que c'est à cette échelle que les pouvoirs publics doivent renforcer la liberté et les moyens d'agir en adoptant une position d'accompagnement et de soutien plutôt que de prescription et de pouvoir.

5. Démarche dont les limites sont étudiées dans l'ouvrage d'Yves Clot, Jean-Yves Bonnefond, Antoine Bonnemain et Mylène Zittoun, *Le Prix du travail bien fait*, La Découverte, 2021.

Pour finir, nous essaierons d'identifier de quoi cette expérimentation peut être le nom (chapitre 6). « Certains voient Territoires zéro chômeur de longue durée comme un pis-aller, en attendant mieux. D'autres, dont je suis, y perçoivent au contraire une solution durable, à même de concrétiser demain le droit au travail[6] », déclare Laurent Grandguillaume, président de l'association nationale TZCLD. Cette « solution durable » n'est-elle qu'un nouvel outil d'insertion et de développement économique des territoires, ou est-elle plus que cela : un nouveau levier de l'ESS et du pouvoir d'agir citoyen capable de fonder le pouvoir économique sur des principes démocratiques ; une manière radicale de repenser l'emploi comme une question avant tout politique avec ceux qui en sont le plus privés ; un moyen inédit pour inventer les emplois de demain dans une économie plus durable et plus écologique ?

6. Propos recueillis par Stéphane de Langenhagen et Ariel Kyrou, « Expérimenter l'utopie du droit au travail », *Usbek et Rica*, 27 juillet 2021.

CHAPITRE 1
ATD Quart Monde et l'accès à l'emploi

L'engagement d'ATD Quart Monde pour l'accès de tous à l'emploi remonte à ses origines. Il s'enracine dans une vie partagée avec des familles très pauvres et non dans une approche charitable ou idéologique. Cet engagement est marqué par différentes étapes et expérimentations au fil des enseignements tirés des expériences successives et des évolutions du marché de l'emploi et de la société.

« Tout est né d'une vie partagée »

ATD (Agir tous pour la dignité) Quart Monde a été créé en 1957 au cœur d'un bidonville à Noisy-le-Grand par ses habitants et par Joseph Wresinski, prêtre envoyé là en mission et qui avait lui-même enduré les privations et l'humiliation de la pauvreté dans son enfance. Comme il l'expliquait, « tout [...] est [...] né de la réalité, d'un trop-plein d'injustice, de la peur de sombrer ensemble. Tout est né d'une vie partagée, jamais d'une théorie[7] ». Joseph Wresinski « a toujours insisté sur la nécessité d'atteindre les plus pauvres non pas sur le lieu du travail, mais sur le lieu du logement et de la famille[8] », confirme Xavier Godinot, volontaire permanent

7. Entretiens du père Joseph Wresinski avec Gilles Anouil, *Les pauvres sont l'Église*, Le Cerf, 2011 (1re éd. : Le Centurion, 1983).
8. Xavier Godinot, « Le travail dans la pensée de Joseph Wresinski », *Revue Quart Monde*, n° 217, 2011.

d'ATD Quart Monde qui a travaillé de nombreuses années sur les questions d'emploi et de formation.

Cette manière d'« aller vers » et de « faire avec » signifie une participation entière des personnes à la réflexion et à l'expérimentation de solutions, à partir de leurs aspirations profondes et dans une considération globale de ce qu'elles vivent, au niveau tant de l'emploi que de l'ensemble de leurs droits et responsabilités. Aux yeux d'ATD Quart Monde, les solutions mises en œuvre pour accéder à l'emploi décent en CDI doivent renforcer l'accès aux autres sécurités vitales que sont le logement, la santé, l'éducation, la culture, etc., et lutter contre des dimensions de la pauvreté moins visibles mais tout aussi réelles, comme la dépossession du pouvoir d'agir, la non-reconnaissance sociale et institutionnelle, l'impossibilité de construire des projets dans la durée, etc.

Ces solutions doivent être de droit commun et non des « droits pour les pauvres » ou de simples mesures de gestion ou de « régulation » de la pauvreté qui risqueraient d'enfermer les personnes dans des circuits spécifiques de dépendance. Le rapport « Grande pauvreté et précarité économique et sociale » remis par Joseph Wresinski au Conseil économique et social en 1987 montre que l'absence de droits économiques, sociaux et culturels compromet les droits civils et politiques, et inversement. Pour sortir de ce cercle vicieux, il faut permettre l'accès de tous à des sécurités durables. Penser l'accès à l'emploi (comme aux autres droits et responsabilités) avec celles et ceux qui en sont exclus peut constituer un moyen pour que les solutions trouvées bénéficient à tous, sans exclusion.

Pour ATD Quart Monde, transformation de la société et transformation personnelle des citoyens vont de pair. Joseph Wresinski « nous appelle à comprendre la pauvreté pas simplement comme dénuement ou comme oppression, mais comme isolement social, explique le sociologue Christopher Winship. Cet isolement est créé par nous tous dans la mesure où nous vivons à l'écart des pauvres et n'arrivons pas à comprendre que leur destin est nôtre[9] ».

1958-1998 : repenser l'accès à l'emploi

Cette vie partagée dans le camp des sans-logis de Noisy-le-Grand a donné naissance en 1958 à un atelier de construction d'un foyer familial avec les hommes, puis en 1962 à un atelier de mécanique avec les jeunes. En 1960, un atelier d'emballage est créé dans le cadre d'un partenariat avec l'entreprise Scotch, dont l'objectif est de lutter contre l'isolement des travailleurs et la concurrence entre eux. En 1967, cet atelier cesse ses activités pour se consacrer à la formation des jeunes, afin de les préparer aux enjeux de la modernisation. À ce titre, ATD Quart Monde met en place, entre 1966 et 1967, des « ateliers préprofessionnels » destinés à l'apprentissage de compétences relatives au secteur industriel et où les jeunes ont un statut d'élèves (ils seront repris en 1973 par l'Éducation nationale). Mais la modernisation entraîne dans son sillage un chômage de longue durée qui frappe de nombreuses personnes en situation de précarité. « Pour "relever la tête" et pouvoir affirmer "nous sommes tous des travailleurs", sont créés dans les années 1970 des ateliers de production appelés "ateliers de promotion professionnelle" (APP) dans des domaines variés. Le sursaut de la dignité fait surseoir aux accords avec l'administration, qui veut soutenir ces initiatives mais dans la ligne des ateliers protégés et en allant jusqu'à envisager la notion de handicap social.

9. Cité dans Xavier Godinot (dir.), *Éradiquer la misère. Démocratie, mondialisation et droits de l'homme*, éd. Quart Monde/PUF, 2008.

Après une longue bataille et en lien avec d'autres courants, l'administration accepte d'évoluer vers la reconnaissance de parcours aidés et une formation rémunérée dans le temps de travail, qui donnent naissance aux entreprises d'insertion. Celles-ci portent à la fois l'ambition de créer des étapes vers l'emploi dit ordinaire et une dynamique de partenariat avec les entreprises classiques pour qu'elles assument leur part de responsabilité d'un emploi pour tous[10]. »

En 1978, ATD Quart Monde ouvre à Noisy-le-Grand un premier APP dans le secteur de la menuiserie, suivi bientôt par d'autres à Reims, à Caen et à Villeneuve-d'Ascq. Les travailleurs y bénéficient, pendant une durée déterminée, d'un statut de salariés et ils sont placés en situation de production sur des marchés concurrentiels. Un effort important est investi dans la formation afin de renforcer l'employabilité des personnes et de leur permettre de se développer en tant qu'êtres humains. Un soutien global leur est proposé en lien avec plusieurs partenaires : services sociaux, associations, écoles, etc. Cette expérience va inspirer au niveau national la création de formations en alternance pour les chômeurs de longue durée et la mise en place d'un crédit-formation destiné aux personnes sans qualification.

En 1987, conformément à sa stratégie de « laboratoire social » qui consiste à expérimenter, à évaluer, à diffuser et à encourager l'essaimage, ATD Quart Monde transmet le développement de ces quatre APP à des partenaires. Il conduit par ailleurs deux autres expérimentations importantes dans les années 1980. Les « Maisons des métiers » (ouvertes en particulier à Bordeaux, Lyon et La Haye, aux Pays-Bas) permettent aux jeunes les plus défavorisés d'accéder à une qualification et à un emploi. Le projet « Contre l'exclusion, une

10. Gérard Bureau, « La plus grande richesse », *Revue Quart Monde*, n° 217, 2011.

qualification», mené en Rhône-Alpes avec soixante-quinze personnes entre 1989 et 1992, montre quant à lui l'importance de s'inscrire dans une durée longue pour permettre à certains de reprendre pied dans l'emploi[11].

Les années 1980 et 1990 voient la hausse du chômage de masse et les limites des actions de formation et d'insertion, qui ne protègent plus une part croissante de la population du chômage de longue durée, *a fortiori* les personnes déjà confrontées à la pauvreté et à la privation durable d'emploi, qui font face à des phénomènes de discrimination à l'embauche. Même si l'on constate ici et là quelques manques de main-d'œuvre, seules des actions volontaristes peuvent créer en nombre les emplois décents en CDI nécessaires.

Depuis 1998 : repenser l'emploi

Face à ce constat, ATD Quart Monde engage à la fin des années 1990 une recherche intitulée « Repenser l'activité humaine[12] ». Son diagnostic est que les personnes privées d'emploi se sont épuisées, dans les décennies précédentes, à se conformer à un marché de l'emploi qui ne leur a guère ouvert ses portes. Que faut-il imaginer de nouveau pour permettre l'accès de tous à un emploi décent en CDI ? Ce ne sont pas seulement les personnes qu'il s'agit de soutenir vers une meilleure employabilité, précise cette étude : il faut également développer les capacités des employeurs à embaucher et à employer chacun.

Dans un long article, Xavier Godinot étudie en 1997 différentes actions possibles en Europe pour permettre un

11. Xavier Godinot (dir.), *On voudrait connaître le secret du travail*, éd. Quart Monde/L'Atelier, 1995. Voir aussi « Contre l'exclusion : quels parcours d'insertion professionnelle et de qualification ? », *Revue Quart Monde*, n° 3, 1992.
12. « Repenser l'activité humaine », *Revue Quart Monde*, 1988. Accessible sur le site de la revue dans la rubrique « Dossiers et documents ».

meilleur accès à l'emploi, y compris la réduction du temps de travail[13]. Il déplore la rigidité des contraintes financières imposées aux finances publiques par le traité de Maastricht, dont la priorité n'est pas de favoriser les politiques de l'emploi dans les différents pays de l'Union.

En 1998, la loi d'orientation contre les exclusions place la lutte contre la pauvreté au rang d'« impératif national fondé sur le respect de l'égale dignité des êtres humains » et de « priorité de l'ensemble des politiques publiques de la nation ». Mais cette lutte implique un volontarisme de la part des acteurs politiques et sociaux auquel ils ne sont pas disposés dans un contexte de crise qui s'approfondit.

Avec cette triple ambition de travailler les questions d'« employeurabilité » (capacité que possède une entreprise à exercer la fonction et les responsabilités d'employeur), d'employabilité et de vivre-ensemble au travail, ATD Quart Monde lance en 2002 l'expérimentation « Travailler et apprendre ensemble » (TAE) à Noisy-le-Grand[14]. Ses grands principes sont déjà présents dans l'appel lancé par l'association à l'occasion du Sommet européen pour l'emploi de 1997 (comme ils le seront dans l'expérimentation Territoires zéro chômeur de longue durée vingt ans plus tard). Il est nécessaire :

- que les personnes les plus éloignées de l'emploi soient associées à la réflexion sur l'entreprise ;
- qu'elles aient accès à des emplois de droit commun ;
- que l'on investisse dans des activités qui répondent en priorité à des besoins essentiels non satisfaits dans le domaine social et de l'environnement ;
- que l'on développe de nouveaux métiers dans lesquels les savoirs des personnes défavorisées soient reconnus.

13. Xavier Godinot, « Leçons à retenir », *Revue Quart Monde*, n° 161, 1997.
14. Gérard Desmedt, *L'Entreprise réinventée*, éd. Quart Monde/L'Atelier, 2012. Deux initiatives similaires ont été lancées à Madagascar en 2005 et au Guatemala en 2009.

Vient s'y ajouter l'idée que les personnes les plus éloignées du monde du travail ne pourront réellement y trouver leur place que si ceux qui y sont insérés apprennent à les connaître et à travailler avec elles. TAE se veut le lieu de cette rencontre en accueillant des « compagnons » qui, bien que pouvant être employés ailleurs, font le choix de venir travailler en son sein.

L'expérimentation « Travailler et apprendre ensemble » a pour mission de rechercher les conditions opérationnelles pour que le monde économique puisse intégrer toutes les personnes qui le souhaitent, y compris les plus éloignées de l'emploi, que TAE recrute en CDI. Son fonctionnement se construit avec tous les salariés et donne lieu à des innovations managériales qui constituent aujourd'hui le socle d'une formation sur l'« entreprise incluante » ouverte à tous.

TAE est plus qu'une entreprise. C'est un écosystème local qui implique un ensemble d'acteurs mobilisés pour l'accès de tous à l'emploi décent en CDI. « Le façonnage du marché nécessaire à la viabilité de TAE relève d'une action collective et donc, en ce sens, politique, analyse l'économiste Hervé Defalvard. C'est le fondement de l'expression "économie politique", lorsque les liens économiques deviennent fondamentaux dans la construction du lien social, ce qu'ils n'ont pas toujours été. Des coopérations et des alliances sont à passer avec les autres acteurs des marchés, les clients, les collectivités locales, les autres entreprises, les financeurs[15]. »

TAE crée ainsi une dynamique qui ne se limite pas au strict champ de l'emploi : « Le travail est très important dans la vie, mais ça ne suffit pas pour résoudre tous nos problèmes. [...] Il y a aussi la vie en dehors du travail et on ne peut

---

15. Hervé Defalvard, « Travail et marché : réflexions d'un économiste », *Revue Quart Monde*, n° 217, 2011.

pas les séparer. Les [différentes entreprises] TAE se sentent responsables également de la vie en dehors du travail. Nous devons continuer de réfléchir à d'autres choses que le travail pour nous soutenir. En préparant la Journée mondiale du refus de la misère, en préparant des journées familiales[16], en préparant des fêtes de quartier[17]... » explique un intervenant du séminaire international d'ATD Quart Monde.

Naissance des Territoires zéro chômeur de longue durée

À la fin des années 2000, ces champs d'expérimentation vont prendre une nouvelle dimension avec la rencontre entre ATD Quart Monde et Patrick Valentin, un entrepreneur social innovant qui demande à l'association de l'aider à obtenir le vote d'une loi pour expérimenter des territoires « zéro chômeur de longue durée ».

Patrick Valentin a participé plusieurs années au Réseau emploi-formation d'ATD Quart Monde. En 1995, il a réalisé à Seiches-sur-le-Loir (Maine-et-Loire) une étude montrant une adéquation possible entre les compétences des chômeurs de longue durée et les besoins des différents acteurs locaux (habitants, institutions, entreprises, etc.)[18]. À la même époque, l'économiste Jacques Nikonoff envisageait une action intitulée « L'emploi pour tous : une expérimentation nationale dans dix territoires ».

Dès 2010, Patrick Valentin travaille activement avec ATD Quart Monde sur ce projet qui se fonde sur trois constats :

16. Journées au cours desquelles les salariés et leurs familles, et parfois d'autres personnes en lien avec ATD Quart Monde, se retrouvent pour passer un temps convivial, partager des réflexions, participer à un événement culturel, etc.
17. « "Travailler et apprendre ensemble", les conditions d'une économie plus humaine par la participation de tous. France – Guatemala – Madagascar – Sénégal », séminaire international d'ATD Quart Monde, 2010.
18. Patrick Valentin, « Pour des territoires "zéro chômeur de longue durée" », *Revue Projet*, vol. 336-337, n° 5, 2013.

personne n'est inemployable ; ce n'est pas le travail qui manque mais l'emploi rémunéré (puisque de nombreux besoins de la société ne sont pas satisfaits) ; ce n'est pas non plus l'argent qui manque (puisque le chômage de longue durée entraîne des dépenses et des manques à gagner que la collectivité prend de toute façon en charge).

Cette fois-ci, l'ambition n'est pas seulement d'expérimenter sur un ou quelques lieux (en s'appuyant sur la révision constitutionnelle du 28 mars 2003 qui introduit le droit à l'expérimentation des collectivités locales en autorisant certaines d'entre elles, pour une période donnée, à adapter une politique publique qui ne fait pas partie de leurs attributions), elle est d'organiser le passage à grande échelle. C'est nouveau pour ATD Quart Monde dans le domaine de l'emploi, mais pas dans celui des revenus ou de la santé, ses expérimentations ayant donné naissance au revenu minimum d'insertion (RMI) en 1988 et à la couverture maladie universelle (CMU) en 1999.

En 1987, déjà, Joseph Wresinski avait intitulé « L'expérimentation dans la continuité » une partie de son rapport « Grande pauvreté et précarité économique et sociale », en proposant, « dans la perspective d'un plan national de lutte contre la pauvreté, de réaliser une expérimentation à grande échelle couvrant une dizaine de départements pilotes, dont un département ou territoire d'outre-mer, et portant simultanément et de façon coordonnée sur les domaines suivants : l'éducation, le logement, la santé, l'emploi et la formation ».

En 1982, dans un rapport à Michel Rocard, ministre du Plan et de l'Aménagement du territoire, ATD Quart Monde expliquait que les travailleurs les plus défavorisés « doivent pouvoir participer à l'évolution du travail et à l'élaboration de nouvelles formes d'organisation. En attendant une réforme générale de l'emploi et du chômage sur la base de la garantie du droit au travail, nous suggérons des projets et des expériences significatives qui pourraient être mis en route rapidement et à peu de frais. [...] Des travailleurs sous-prolétaires devraient pouvoir participer à des expériences de formes nouvelles d'organisation du travail telles qu'elles se déroulent actuellement dans le secteur coopératif et le tiers-secteur en général, afin que ces formes nouvelles ne se développent pas sans être influencées par les aspirations et la participation des travailleurs les plus défavorisés[19] ».

S'inspirant de sa propre expérience et de son compagnonnage avec ATD Quart Monde, Patrick Valentin mettait en avant plusieurs idées:

- Les travaux utiles et non concurrentiels sont innombrables et peuvent répondre au besoin d'emploi de toutes celles et tous ceux qui en sont privés: de nombreux acteurs de l'insertion par l'activité économique (IAE) défendent depuis longtemps l'idée d'un second marché du travail s'appuyant sur des gisements d'emplois à partir de besoins non pourvus[20].
- L'accès de tous à l'emploi est donc possible, à condition de se placer à l'échelle de petits territoires et d'en mobiliser activement les acteurs.
- Il faut mettre en œuvre des stratégies d'« emploi d'abord », sans s'abriter derrière le prétexte que les personnes manqueraient *d'abord* de qualification (l'approche qui propose la mise en situation de travail sans prérequis apparaissait également dans l'opération « Nouvelles qualifications » de Bertrand Schwartz en 1994).
- Les personnes privées d'emploi souhaitent travailler.

19. « Enrayer la reproduction de la grande pauvreté », cité dans Joseph Wresinski, *Refuser la misère*, Le Cerf/éd. Quart Monde, 2007.
20. Michel Autès, Maryse Bresson, Bernadette Delaval et Bertrand Vernier, « L'insertion, un moment éternel. Rapport pour la Mire », Université des sciences et technologies de Lille, 1996.

– Il est possible de financer ces emplois nouveaux par des circuits innovants.

ATD Quart Monde insistait particulièrement sur certains aspects complémentaires :

– Il faut associer les personnes privées d'emploi à la conception et à la gouvernance du projet (et pas seulement leur réserver un rôle au niveau de la production).

– L'« exhaustivité » (proposer l'embauche à toutes les personnes privées durablement d'emploi) ne doit oublier *personne* sur le territoire – ce qui signifie, en particulier, mettre en œuvre des moyens nouveaux pour agir contre les non-recours, aller vers les personnes les plus éloignées de l'emploi et les associer pleinement au projet. « Aucune sélection ne doit limiter les recrutements, à charge pour les employeurs de proposer des travaux à la mesure des capacités des personnes. Par exemple, quand bien même une personne serait plus lente dans ses apprentissages au travail ou dans l'exécution de son travail, mieux vaut pour elle comme pour la société qu'elle travaille à son rythme, dans un emploi à part entière, plutôt qu'elle soit contrainte à l'inactivité », affirment les défenseurs de l'initiative[21].

– La réussite du projet nécessite de provoquer des changements de représentations, de logiques, de visées et de modes de coopération, dans le domaine de l'emploi et au-delà.

Des réponses multidimensionnelles à la grande pauvreté

Depuis 1987 et le rapport Wresinski au Conseil économique et social, la grande pauvreté est reconnue comme le non-accès à un ensemble de droits et sécurités de base

21. Patrick Valentin et ATD Quart Monde, « Demande d'expérimentation ATD Quart Monde. Territoires zéro chômeur de longue durée », note de présentation, 1er juin 2014.

(emploi, santé, logement, culture, citoyenneté, éducation...). Les réponses à apporter sont multidimensionnelles et liées entre elles. Elles doivent s'appuyer autant sur un renforcement des liens entre les personnes à l'échelle locale que sur un plaidoyer politique. C'est pourquoi la mobilisation territoriale est une approche familière à ATD Quart Monde. Mais le projet de « Territoires zéro chômeur de longue durée » pousse encore plus loin cette action en l'adossant à des « comités locaux pour l'emploi » (CLE) multi-acteurs, chargés de la gouvernance locale de l'expérimentation.

Ces CLE ont pour cheville ouvrière une équipe projet chargée de mobiliser le territoire et les personnes privées d'emploi, et d'identifier avec ces dernières les besoins non couverts – souvent parce que non solvables – là où elles vivent : services de transport solidaire, recyclage de déchets verts et industriels, commerces ambulants ou de proximité, conserveries de légumes, recycleries, garages solidaires, actions de renforcement des liens sociaux, mise en valeur de patrimoines naturels ou historiques, etc.

Cette « utopie réaliste », comme la nomme Laurent Grandguillaume, député rapporteur de la loi de 2016 instituant cette expérimentation, prend corps lorsque Patrick Valentin et ATD Quart Monde produisent une étude macroéconomique en 2013 destinée à convaincre le législateur qu'il est possible d'« activer les dépenses passives » du chômage de longue durée et de créer ainsi des emplois en CDI rémunérés au Smic à coût nul pour les finances publiques (l'économiste Jacques Nikonoff avait eu une approche similaire dans son livre *Chômage : nous accusons !* en 1998).

Selon cette étude, le chômage de longue durée occasionnerait pour la collectivité un coût annuel de 16 000 à

19 000 euros par personne[22], dont un quart est composé des allocations et prestations sociales versées à la personne, plus d'un tiers des manques à gagner fiscaux et sociaux liés au chômage de longue durée, et plus d'un autre tiers des coûts de l'accompagnement du chômage et des coûts indirects en matière de santé, de sécurité, de scolarité, de protection de l'enfance, etc.

Activant ces coûts et manques à gagner, la loi de 2016 autorise dix territoires à expérimenter pendant cinq ans le financement de la création d'autant de CDI au Smic que de besoins, par une « contribution au développement de l'emploi » (CDE), soit une avance versée par les pouvoirs publics sur les gains et économies générés à terme par la suppression du chômage de longue durée (cotisations sociales, taxes et impôts, moindres versements d'aides, économies sur les budgets de la santé, du logement social, de l'éducation, réduction de l'échec scolaire, etc.), d'un montant d'environ 18 000 euros par an et par équivalent temps plein en 2017. Abondée également par les départements, cette contribution représente 70 à 80 % du coût d'un temps plein au Smic, le reste devant être apporté par le chiffre d'affaires de l'entreprise à but d'emploi et d'autres financements.

La nouveauté de cette activation des dépenses passives est qu'elle intègre le montant des coûts indirects et des manques à gagner, et non pas seulement celui des prestations sociales versées aux personnes sans emploi (Jacques Nikonoff avait aussi intégré ces éléments dans son calcul de 1998). Surtout, elle fait reconnaître ce montant par le Parlement lors du vote de la loi en 2016. Il n'en reste pas moins que l'on continue généralement d'associer le coût du chômage uniquement aux prestations directes versées

22. Denis Prost, « Étude macroéconomique sur le coût de la privation d'emploi », *op. cit.*

aux personnes sans emploi, en oubliant les gains fiscaux et sociaux ainsi que les économies sur le coût de l'accompagnement du chômage...

La loi de 2016, renforcée par celle de décembre 2020 qui étend l'expérimentation à au moins cinquante nouveaux territoires, établit bien un « droit à l'emploi » en CDI, et non un « droit à l'emploi » tout court[23]. Cela signifie que, dans le cadre de l'expérimentation, des solutions d'emplois à durée déterminée peuvent être des étapes vers le CDI (la personne restant libre de choisir ce qui lui convient le mieux), mais elles ne constituent pas *en elles-mêmes* la réalisation du droit visé.

Des territoires et des citoyens mobilisés

Fait peu fréquent dans l'histoire législative, la loi de 2016 est le fruit de la mobilisation de territoires et de citoyens et acteurs de toutes origines. Dès 2014, quatre territoires, soutenus par ATD Quart Monde, le Secours catholique et Emmaüs, ont commencé à rassembler des personnes privées durablement d'emploi : le pays de Colombey et du Sud Toulois (Meurthe-et-Moselle), Pipriac/Saint-Ganton (Ille-et-Vilaine), le territoire de Loire Nièvre et Bertranges (Nièvre) et Mauléon (Deux-Sèvres).

À Pipriac et Saint-Ganton par exemple, les personnes privées d'emploi participent en 2014 et 2015 à une centaine de réunions pour identifier les activités utiles. À Colombey, elles se constituent au début de 2016 en association, « Les Tailleurs de bouleau », pour mieux s'impliquer dans l'expérimentation. C'est ainsi que les grands principes du projet sont rediscutés et appropriés avec elles en première ligne :

23. Article 9 de la loi n° 2020-1577 du 14 décembre 2020 : « Cette expérimentation permet aux personnes concernées d'être embauchées en contrat à durée indéterminée. »

– la possibilité de créer autant d'emplois que de besoins, pour cesser de mettre les personnes en concurrence sur un même poste ;

– l'exhaustivité des embauches, pour n'exclure personne ;

– le CDI, pour éviter l'emploi précaire, qui détruit les personnes et nuit à l'économie ;

– l'embauche à temps choisi, pour respecter les contraintes familiales ou de santé (on parle ici du temps choisi hebdomadaire, mais on pourrait aussi parler d'un temps choisi variable au fil des années ; par exemple, du temps libre nécessaire aux parents de jeunes enfants, ou lorsque ces derniers entrent dans l'adolescence, période marquée par un décrochage scolaire important) ;

– la création d'activités utiles et de proximité qui respectent l'environnement ;

– des activités non concurrentes qui ne menacent ni des emplois existants ni le bénévolat ;

– une organisation du travail pensée collectivement ;

– la possibilité pour les salariés des entreprises à but d'emploi de construire un projet de formation et de postuler auprès d'entreprises locales.

Penser l'accès à l'emploi avec ceux qui en sont le plus privés permet de dépasser les obstacles habituels, qu'ils concernent les personnes (contraintes de santé, de garde d'enfants ou de mobilité) ou le poste proposé (problèmes de formation, de disponibilité ou d'expérience).

En avril 2015, des délégations de ces quatre territoires pionniers marchent dans Paris jusqu'à l'Assemblée nationale, où elles sont reçues. Ces mobilisations locales et nationales permettront d'aboutir en 2016 au vote de la loi, à l'unanimité, à l'Assemblée nationale comme au Sénat.

La recherche participative en soutien à l'expérimentation

Dans la loi de 2016 est inscrite une dimension des politiques publiques soutenue systématiquement dans son principe mais très rarement dans sa réalisation : l'évaluation. Ainsi, jusqu'à présent, l'expérimentation a fait l'objet d'une étude de l'Inspection générale des affaires sociales (Igas) et de l'Inspection générale des finances (IGF) en novembre 2019, d'un rapport intermédiaire (novembre 2019) et d'un rapport final (avril 2021) du comité scientifique de l'évaluation institué par la loi de 2016. Si seulement toutes les politiques de l'emploi avaient droit à autant d'intérêt de la part des évaluateurs publics !

Si la loi insiste sur l'évaluation de l'impact de l'expérimentation « sur la situation de l'emploi dans les territoires participants, sur les formations suivies par les personnes ainsi que sur les conséquences financières » pour les finances publiques, elle s'intéresse moins à son impact sur les personnes et à l'évaluation des conditions de réussite. Quelles transformations l'accès à un emploi en CDI opère-t-il chez les personnes qui en étaient privées depuis longtemps ? Comment atteindre l'exhaustivité des propositions d'emploi en CDI sur un territoire en évitant un écrémage des personnes les plus en difficulté ? Comment soutenir et associer au mieux les personnes dans l'EBE afin qu'elles trouvent leur place ? Comment mobiliser au mieux chaque territoire et organiser ses liens avec le Fonds d'expérimentation territoriale contre le chômage de longue durée (ETCLD), chargé du pilotage national de l'expérimentation et présidé par Louis Gallois ?

Ces questions semblent intéresser davantage les acteurs de l'expérimentation et les chercheurs en sciences économiques et sociales que les évaluateurs publics. En ce sens, ces territoires sont « apprenants ». Ils constituent pour la recherche publique et privée un laboratoire inédit, car ils expérimentent en grandeur nature et sur plusieurs années la participation des citoyens et des acteurs locaux, dont les personnes privées durablement d'emploi, à des projets de résilience sociale et économique. « La recherche est essentielle, confirme l'économiste Jean-Paul Fitoussi. Elle fait évoluer la théorie, elle l'adapte toujours davantage aux évolutions du monde, en bref elle en fait un objet vivant, jamais figé à un point du temps, jamais codifié dans un langage infalsifiable[24]. »

Dans la seconde phase (2021-2026) de l'expérimentation, les acteurs vont intensifier leurs efforts d'évaluation-recherche en y associant les personnes durablement privées d'emploi. C'est le cas en particulier de l'association TZCLD, présidée par Laurent Grandguillaume, créée en 2016 pour porter politiquement et opérationnellement l'extension et la pérennisation de l'expérimentation, et d'ATD Quart Monde, qui a rassemblé dès 1960 des chercheurs autour du thème de la pauvreté, afin de « fonder et développer cette "science de la pauvreté" que nous [ATD Quart Monde] estimons une des armes principales du combat[25] ».

24. Jean-Paul Fitoussi, *Comme on nous parle. L'emprise de la novlangue sur nos sociétés*, Les Liens qui libèrent, 2021

25. Joseph Wresinski, « Le rôle des associations non gouvernementales », *Revue Droit social*, n° 11, 1974.

CHAPITRE 2
« Pour nous, aucun autre projet n'est comparable à celui-ci »

Élisabeth Gillard, militante Quart Monde en Suisse, estimait le 27 avril 2021 : « Ce projet [TZCLD] donne de l'espoir à celles et ceux qui n'ont plus de possibilité de retrouver un travail. Et nous sommes nombreux. Pour nous, aucun autre projet n'est [...] comparable à celui-ci : il permet que chaque personne puisse être actrice de sa vie[26]. » Amélie, salariée de l'entreprise à but d'emploi EmerJean à Villeurbanne, confirme : « Ce contrat de travail qu'on a signé, c'est un rêve pour tout le monde[27]. »

Mesure-t-on l'importance de l'espoir que l'on suscite chez les personnes privées d'emploi quand on initie un projet de Territoire zéro chômeur de longue durée… et l'ampleur du désespoir qui peut suivre si le projet n'aboutit pas ?

L'expérimentation TZCLD a été conçue avec des personnes très éloignées de l'emploi pour leur permettre d'apporter leur expérience et leur énergie à la construction d'emplois utiles en CDI, là où les politiques publiques et les actions de toutes sortes ont jusqu'à présent échoué. Le rapport final du Comité scientifique note ainsi qu'« en l'absence de l'expérimentation, la moitié seulement des salariés des EBE aurait été en emploi

26. Lors de la rencontre « Réfléchir ensemble l'accès à l'emploi pour tous » organisée par ATD Quart Monde Suisse.
27. Lors de la rencontre organisée par la Fondation pour le progrès de l'homme à EmerJean le 18 novembre 2021.

et le tiers aurait été en CDI[28] ». Dans l'esprit des personnes privées d'emploi et des autres citoyens, cela signe un double renversement de représentations : non seulement chacun pourrait désormais accéder à un emploi décent en CDI, mais les premiers concernés pourraient contribuer à la création et à la mise en œuvre de ces emplois. Ceux qui sont privés d'emploi pourraient en créer !

Un emploi décent en CDI, c'est possible

L'expérimentation TZCLD va plus loin que la notion d'emploi décent définie par l'Organisation internationale du travail (OIT) en 1999, qui repose sur quatre piliers :

– une rémunération appropriée, la sécurité au travail et des conditions de travail salubres ;

– la protection sociale ;

– les droits des travailleurs (liberté syndicale, non-discrimination, absence de travail forcé et de travail des enfants) ;

– le dialogue social, grâce auquel les travailleurs peuvent négocier avec les employeurs et les autorités sur les questions relatives au travail.

TZCLD ajoute quatre autres piliers :

– le contrat à durée indéterminée (CDI) ;

– le temps choisi ;

– un emploi adapté aux capacités et aux désirs de la personne ;

– la participation des salariés à la création des emplois et à l'organisation de l'entreprise.

On retrouve ces dimensions dans la documentation de l'association TZCLD : dans l'un des textes, il s'agit de « proposer

28. « Expérimentation Territoires zéro chômeur de longue durée. Rapport du comité scientifique », présidé par Olivier Bouba-Olga, Dares, avril 2021.

une garantie d'emploi via des EBE, en CDI à temps choisi[29] ». Selon un autre, « l'objectif est double. Apporter d'emblée une sécurité à ceux qui subissent le plus durement la pénurie d'emploi avec le recours au CDI de droit commun. Permettre à chacun d'être acteur de l'animation de l'entreprise à but d'emploi (EBE)[30] ». Un autre document affirme que « la production d'emplois en CDI à hauteur des besoins de la population par l'ouverture des EBE peut permettre d'offrir une solution d'emploi durable aux personnes sortant d'un parcours d'insertion sans solution sur le marché du travail. [...] L'EBE propose en effet des CDI adaptés aux besoins et aux attentes des personnes. Le cadre actuel des politiques publiques de l'insertion par l'activité économique n'est pas conçu pour développer de l'emploi durable[31] ».

Le projet TZCLD veut faire la preuve que les possibilités d'emplois en CDI décents et utiles ne manquent pas dans certains domaines d'activité non soumis aux impératifs de compétitivité, puisque les EBE agissent dans des secteurs non concurrentiels suivant le principe de « supplémentarité ». Selon ce principe, les emplois créés dans le cadre de TZCLD doivent porter sur des activités n'entrant pas en concurrence avec celles existant sur le territoire.

TZCLD s'inscrit en rupture avec les discours qui soutiennent qu'une certaine précarité de l'emploi est inévitable (comme Laurence Parisot, ancienne présidente du Medef, qui déclarait dans *Le Figaro* du 30 août 2005 : « La vie, la santé, l'amour sont précaires, pourquoi le travail échapperait-il à cette loi ? »), que la solution au chômage repose d'abord sur

29. « Politique de l'emploi, insertion : territoires zéro chômeur de longue durée, un programme de plus ? », site de TZCLD.
30. Boîte à outils TZCLD-Pôle emploi publiée en 2021.
31. TZCLD, Emmaüs, FAS, Réseau Cocagne et Coorace, « L'insertion par l'activité économique et le projet Territoires zéro chômeur de longue durée. Des logiques complémentaires pour la suppression de la privation d'emploi », 2019.

la compétitivité et les baisses continues du coût du travail, ou encore qui prédisent la fin du travail, les emplois en CDI ne devenant alors accessibles qu'à ceux qui « se battent » le plus pour cela.

Nous avons beaucoup de mal à dénoncer les politiques qui font passer l'économique avant l'humain, pour les raisons qu'évoque depuis les années 1980 le psychiatre et psychanalyste Christophe Dejours : « La dénonciation n'est pas toujours d'une grande utilité, dans la mesure où, ne proposant pas d'alternative crédible, elle reste peu convaincante et peu mobilisatrice. » Pour qu'il y ait solidarité, protestation et mobilisation face au chômage (ou face à la souffrance au travail), il faut que cette situation soit perçue comme une injustice que l'on peut corriger par des alternatives crédibles, et non comme la conséquence d'un « phénomène » économique contre lequel on ne pourrait rien. Il faut que cesse « le processus qui favorise la tolérance sociale au mal et à l'injustice, processus grâce auquel on fait passer pour un *malheur* ce qui relève en fait du *mal* commis par certains contre d'autres[32] ».

TZCLD pourrait bien être l'une de ces alternatives crédibles, un signe majeur que le chômage et ses dégâts ne sont pas une fatalité, mais un *mal* que l'on peut éradiquer par la protestation et la mobilisation de tous.

Il est essentiel que de nouveaux récits se construisent, à la fois par les personnes privées d'emploi (ou en souffrance au travail), par les salariés des EBE et par celles et ceux qui s'engagent avec eux, et que l'on ne sacrifie pas le temps de la pensée et de la parole à celui de l'action.

« L'imagination a une fonction de prospection, d'exploration à l'égard des possibles de l'homme, écrivait le philosophe Paul Ricœur dans son ouvrage *Histoire et vérité*. Elle est par

32. Christophe Dejours, *Souffrance en France*, Points, 1998.

excellence l'institution et la constitution du possible humain. C'est dans l'imagination de ses possibles que l'homme exerce la prophétie de sa propre existence. [...] En changeant son imagination, l'homme change son existence. »

Le passage d'une culpabilité individuelle à un choix libre

Comme l'écrit le philosophe Olivier Abel, « aujourd'hui, beaucoup trop d'humains se sentent superflus dans notre société et dans notre monde, et c'est sans doute la forme la plus massive de l'humiliation actuelle, dont les ravages à moyen et long terme sur les individus et la société sont gigantesques. Ce que disait Hannah Arendt à propos des sociétés totalitaires, que les humains y avaient été rendus entièrement malléables, est tout à fait valable pour le néo-capitalisme actuel[33] ». De fait, lorsque l'on est pris durablement dans le chômage et la grande précarité, on entre souvent dans une dépendance aux autres qui attaque l'estime de soi, le pouvoir d'agir et le sentiment de pouvoir maîtriser sa vie[34].

Une salariée de l'entreprise à but d'emploi Actypoles-Thiers témoigne ainsi : « [Les] bénévoles, quand ils voyaient mon dossier, ils me disaient "ah mais ça fait longtemps que vous êtes aux Restos du cœur, vous êtes jeune, vous pouvez travailler" ; ils vous regardent dans le style "vous préférez venir là que travailler" et là on a envie que la terre s'ouvre pour entrer dedans. [...] Je ne dis pas qu'ils ne nous ont pas aidés, il y avait des bonnes personnes qui essayaient de nous aider tout le temps, mais [...] c'étaient les restes, et moi je

33. Olivier Abel, *De l'humiliation*, Les Liens qui libèrent, 2022.
34. ATD Quart Monde et Université d'Oxford, *Les Dimensions cachées de la pauvreté*, recherche participative internationale, mai 2019.

n'aime pas les restes. Donc maintenant, [...] quand je donne à quelqu'un, je ne donne jamais les restes[35]. »

La découverte de l'expérimentation TZCLD permet de passer d'un regard sur le chômage butant sur des considérations individuelles (je ne trouve pas de travail parce que je ne suis pas assez performant, etc.) à un regard plus large (chacun est employable, mais nous ne produisons plus assez d'emplois pour tous ; nous pouvons prendre ensemble les moyens d'en créer autant que nécessaire ; je ne serai plus en concurrence mais en complémentarité avec d'autres personnes privées d'emploi, etc.).

« Le jour où j'ai découvert sur Internet cette expérimentation, témoigne un militant Quart Monde, j'ai tout de suite retrouvé de l'espoir et j'ai repris confiance en moi. Je suis sorti de mon ignorance et de ma culpabilité[36]. » « Le projet TZCLD m'a permis de regagner en espérance, confirme Gérard Ory, aujourd'hui salarié de l'EBE La Fabrique à Colombey-les-Belles. C'est pour ça que je me suis investi en prêtant des terrains et du matériel. C'est bien pour moi, ça peut être bien pour d'autres aussi[37]. »

Un élu impliqué dans le démarrage d'un Territoire zéro chômeur explique : « L'approche traditionnelle, c'est : vous êtes chômeur, vous êtes un individu responsable, vous allez vous prendre en main et sortir de cette misère parce que c'est votre projet personnel, individuel, votre responsabilité. C'est l'internalisation de la situation de chômeur. Au contraire, ici, on mettait en collectif, on mettait en synergie des gens qui ne pensent pas tous la même chose, qui ne ressentent

35. Sacha Leduc et Agnès Roche, Laboratoire Lescores-UCA, « Enquête sur les salariés de Territoires zéro chômeur de longue durée, Thiers », décembre 2021.
36. Dominique Guillemaud, rencontre du Réseau emploi-formation d'ATD Quart Monde du 12 décembre 2020.
37. Didier Goubert, Claire Hédon et Daniel Le Guillou, *Zéro chômeur. Dix territoires relèvent le défi*, éd. Quart Monde/L'Atelier, 2019.

pas tous la même chose. Ils ont un problème commun, mais ils n'ont pas le même vécu de ce problème en commun[38]. »

Ainsi que l'écrit l'économiste Florence Jany-Catrice, « l'explication dominante du chômage responsabilise, voire culpabilise, l'"offre de travail" (les personnes demandeuses d'emploi) et déresponsabilise la "demande de travail" (les structures offreuses d'emploi). Il ne s'agit plus de se placer dans une représentation économiciste où les chômeurs sont conçus comme de simples individus calculateurs qui passent leur temps à arbitrer entre travail et loisir pour choisir le plus souvent ce dernier – ce qui expliquerait le volume actuel du chômage comme relevant principalement d'une problématique de chômage volontaire. Il s'agit au contraire d'exiger des entreprises qu'elles s'adaptent aux compétences et aux souhaits des personnes privées d'emploi et s'appuient sur la richesse de leurs capacités. Dans cette perspective, il ne s'agit plus de créer de petits jobs au rabais, comme cela a pu être le cas dans les décennies précédentes via la multitude de dispositifs tels que les travaux d'utilité collective (TUC) ou les emplois jeunes, mais bien de créer des emplois de droit commun, en CDI, rémunérés au moins au Smic. [...] Dans ces conditions, on peut comprendre que de nombreux économistes voient ce projet d'un mauvais œil, tant il conduit finalement à montrer, par l'expérimentation, la vanité, voire la toxicité, de plusieurs décennies d'échafaudage théorique et de conseils normatifs de politique économique de lutte contre le chômage[39] ».

L'approche TZCLD permet aux personnes de sortir des sentiers habituels de l'accompagnement vers l'emploi pour

38. Marc Godefroy, « Une politique sociale locale consolidée par la "mobilisation territoriale". Le cas du projet "Territoire zéro chômeur de longue durée" », *Revue française des affaires sociales*, 2019.
39. Florence Jany-Catrice, « "Territoire zéro chômeur" : nouvel avatar ou dépassement des politiques néolibérales de l'emploi ? », *L'Esprit d'Archimède*, juillet 2020.

envisager un accès inconditionnel à « l'emploi d'abord ». En effet, soulignent Didier Demazière et Maria-Teresa Pignoni, « les lieux du traitement individualisé du chômage ne sont pas des lieux dans lesquels les chômeurs peuvent prendre la parole et s'approprier leur expérience de la privation d'emploi ; ce sont des lieux d'évaluation de leur situation personnelle et de mesure de leur "employabilité". Ce ne sont pas des lieux de construction et de reconnaissance de leur valeur sociale, mais des lieux de définition de leur valeur marchande[40] ».

Cette approche restaure également la liberté de choix de la personne privée d'emploi : elle peut accepter ou refuser la proposition d'embauche par l'EBE sans risquer un impact négatif sur les allocations qu'elle perçoit. Il faut toutefois prendre garde à la notion de « volontariat », que la personne n'affirme pas toujours de but en blanc tant, parfois, son angoisse est grande de revenir à l'emploi après une longue période de chômage. Il vaudrait mieux parler d'aspiration profonde au travail, parfois masquée par les personnes elles-mêmes et qu'il s'agit de rendre plus apparente.

TZCLD consiste en une activation libre, par la personne, des dépenses passives liées au chômage. « Les politiques dites d'activation du chômage sont parfaitement illustrées par les témoignages des militants d'ATD Quart Monde, estime le sociologue Matéo Alaluf. Elles comprennent deux dimensions : d'une part une promesse et d'autre part une menace ; c'est la carotte et le bâton. On a parlé de stages de formation qui ne mènent nulle part, d'emplois qui maintiennent dans la pauvreté : cela, c'est souvent la [fausse carotte]. Le bâton, ce sont les contrôles domiciliaires, les enquêtes sur les revenus,

40. Didier Demazière et Maria-Teresa Pignoni, *Chômeurs : du silence à la révolte. Sociologie d'une vie collective*, Hachette Littératures, 1999.

les sanctions. En réalité, on n'accepte pas que les personnes puissent s'activer elles-mêmes[41]. »

Les témoignages sont nombreux de salariés d'EBE qui, la voix retrouvée, parlent de leur privation antérieure d'emploi. Ils disent que la dignité recouvrée, c'est bien sûr l'accès à un emploi décent en CDI, le fait de pouvoir subvenir à ses besoins, de contribuer à la protection sociale par ses cotisations, et la reconnaissance sociale qui va avec. Mais c'est aussi la prise de conscience que l'expérience de vie acquise peut servir des projets collectifs, alors qu'elle est peu ou pas valorisée sur le marché du travail.

« On tient compte de nos besoins et de notre expérience »

Lorsque l'on fait acte de candidature dans une entreprise traditionnelle, on adapte ses capacités à l'objet commercial de celle-ci. Quand on postule dans une EBE, on adhère à un projet social et économique que l'on va contribuer à construire, l'entreprise devant s'adapter en partie aux besoins, à l'expérience et aux contraintes des personnes.

De la même manière qu'ATD Quart Monde propose aux personnes confrontées à la grande pauvreté de transformer cette expérience subie en savoirs utiles à la destruction de la misère, l'expérimentation TZCLD propose aux personnes confrontées au chômage de longue durée de tirer de cette période de leur vie des savoirs utiles à la suppression de la privation durable d'emploi. Des savoirs qu'elles seules possèdent.

« On me reproche d'avoir une vie d'assistée mais, dès qu'on a une idée qui sort de l'ordinaire, on la met dans un tiroir »,

41. Matéo Alaluf, « L'injustice se nourrit des souffrances des travailleurs et des chômeurs », *Revue Quart Monde*, n° 172, 1999.

déplore une militante Quart Monde. Les emplois en EBE sont justement construits non à partir des seules exigences du marché, mais avec les personnes éloignées de l'emploi – et en partant des exigences des territoires et de leurs habitants.

Tenir compte des expériences et des besoins des uns et des autres permet d'aller plus loin ensemble, dans une relation de partenariat plutôt que de pouvoir. Un salarié d'Actypoles-Thiers témoigne : « Ici, on n'est pas jugé au résultat. Parce que moi, pour démarrer, il me faut du temps, je suis un diesel ! [...] Ils me font confiance [...], on ne me juge pas [...], donc ça me permet d'être rassuré et de faire du meilleur travail[42]. »

La possibilité de temps choisi négocié avec la personne est pour elle un signal fondamental de cette volonté du projet de prendre en compte ses besoins et ses capacités. « Le temps choisi est un point d'appui pour se sentir capable ; c'est un outil de sécurité et de confiance pour la personne qui se dit parfois "je ne sais pas si je vais être capable". Elle commence par travailler quelques heures, puis, après quelques jours ou semaines, choisit de travailler plus. Cette sécurité individuelle vient consolider le collectif de travail et est ensuite intégrée le mieux possible dans l'enjeu commun du "comment faire entreprise ensemble"[43]. »

Un volontaire permanent d'ATD Quart Monde observe que, « si l'on arrive à fixer des objectifs avec une famille à partir de ses priorités (par exemple, la scolarité des enfants) et non à partir de ce qui nous paraît, à nous, prioritaire (par exemple, l'éradication de l'alcoolisme du père), la confiance peut s'installer et déboucher sur un contrat précis pour atteindre les

42. Sacha Leduc et Agnès Roche, Laboratoire Lescores-UCA, « Enquête sur les salariés de Territoires zéro chômeur de longue durée, Thiers », *op. cit.*
43. Annaïg Abjean, rencontre du Réseau emploi-formation d'ATD Quart Monde, 26 mars 2022.

objectifs fixés dans un délai donné. Et c'est dans un second temps, grâce à la confiance établie, que le problème qui nous semblait prioritaire (l'alcoolisme) pourra être abordé par la famille elle-même, donc avec de meilleures chances de succès. [...] Le partenariat ne peut exister sans connaissance les uns des autres et sans formation pour cela[44] ».

C'est pourquoi il est si important que les membres des CLE et les équipes des EBE puissent agir et penser avec les personnes privées durablement d'emploi, et se former à la connaissance de ce qu'elles vivent.

Des changements de représentations à cultiver en permanence

Les cinq premières années de l'expérimentation TZCLD montrent que ces changements de représentations sont à cultiver en permanence sur les territoires, sans quoi les conceptions traditionnelles sur le chômage et le marché de l'emploi reprendront le dessus dans les esprits. Ces cinq premières années montrent aussi que le rythme de cette mobilisation permanente est difficile à tenir dans la durée, vu l'ampleur de la tâche et les difficultés du quotidien auxquelles sont confrontés les acteurs du projet, une fois que les premières EBE ont commencé leurs activités et leurs embauches.

L'association TZCLD impulse chaque année sur les territoires des journées de « grève du chômage » et de « laboratoire des travaux utiles » (soit une sorte de « portes ouvertes » dans les EBE). Un enjeu de la phase 2021-2026 sera d'élargir et de rendre plus fréquentes ces mobilisations locales et citoyennes, pour que le projet ne se réduise pas au fil du

44. Lucien Duquesne, « Partenaire des très pauvres », *Revue Quart Monde*, n° 176, 2000.

temps à une affaire de spécialistes, mais puisse impliquer de manière toujours renouvelée les habitants et les acteurs volontaires en retissant les liens entre tous.

« Il ne s'agit aucunement d'un dispositif, mais bien d'un projet de transformation, confirme Laurent Grandguillaume. Chacun doit pouvoir s'exprimer à toutes les échelles. Cela signifie en particulier qu'un des enjeux de cette deuxième étape sera l'expression des personnes privées durablement d'emploi dans les comités locaux, dans le suivi et la réalisation du projet, et des salariés des EBE, acteurs centraux des organisations dans le dialogue social. Il faudra ouvrir grandes les portes et les fenêtres de l'expérimentation, et pas seulement celles des EBE, pour que des agoras citoyennes puissent se tenir régulièrement dans les territoires afin que chacun puisse s'exprimer, en dehors des organisations, et ainsi vérifier qu'il y a bien une place pour tous dans le projet[45]. »

Les personnes privées d'emploi regagnent un pouvoir d'agir

Un emploi en CDI change la vie, comme l'explique une salariée d'Actypoles-Thiers : « C'est la première fois de ma vie que j'ai un emploi stable, que je sais combien je vais gagner à la fin du mois, que mes horaires sont toujours les mêmes, que je ne vais pas à gauche et à droite. C'est la première fois que j'ai un CDI à temps plein, un vrai CDI[46] ! »

Le changement n'est pas seulement financier. Un salarié de la Fabrique de l'emploi ajoute : « Sans [l'EBE], on n'aurait pas la capacité morale de réfléchir à un projet. Elle nous a

45. « Le chemin vers l'exhaustivité : le sens du droit à l'emploi pour tous », blog de Laurent Grandguillaume, 23 avril 2021.
46. Sacha Leduc et Agnès Roche, Laboratoire Lescores-UCA, « Enquête sur les salariés de Territoires zéro chômeur de longue durée, Thiers », *op. cit.*

procuré la confiance en soi pour en parler et pour y réfléchir. Parce que quand vous êtes au chômage [...], vous n'avez plus le temps de réfléchir à un projet[47]. »

Les « prix Nobel » d'économie Esther Duflo et Abhijit Banerjee le confirment : « À lui seul, un emploi stable peut changer de façon décisive la conception que les gens ont de la vie. [...] Un "bon emploi" est un travail stable, bien payé, qui permet d'avoir l'espace mental nécessaire. [...] De bons emplois signifient que les enfants grandissent dans un environnement où ils ont la possibilité de tirer le maximum de leurs talents[48]. »

Dans les annexes du bilan final de la première étape expérimentale publié en 2021 par le Fonds ETCLD, les témoignages sont impressionnants sur ce qui change quand on retrouve un emploi décent en CDI. « Je participe plus à la vie du village depuis que je suis salarié de l'EBE [Élan à Jouques] » ; « Moi, je ne connaissais personne. Maintenant, je connais les 80 salariés. [...] Avant, j'étais comme dans une prison. Mon entrée à EmerJean a tout changé, je discute avec tout le monde, mes craintes ont disparu » ; « Je sens le changement de regard. Surtout par rapport aux enfants, à l'école. Combien de fois j'ai entendu : "Tu es tranquille chez toi, avec tes enfants, avec l'argent de la CAF", alors que je ne rêvais que d'une chose, c'était de pouvoir travailler. Maintenant, [mes enfants] sont fiers de moi » (une salariée de Tezea à Pipriac/Saint-Ganton) ; « J'ai pensé au début : je suis trop vieille, à 53 ans, on va me jeter. Je suis venue quand même et j'ai été bien accueillie » (une salariée de l'EBE58 à Prémery) ; « Ça permet la première fois ! Premier emploi, première fois qu'on

47. Anne Fretel, Florence Jany-Catrice, Philippe Semenowicz et Sylvain Vatan, « "Territoire zéro chômeur" face à la crise sanitaire. L'expérimentation métropolitaine de Lille », Dares, 2020.
48. Esther Duflo et Abhijit Vinayak Banerjee, *Repenser la pauvreté*, Le Seuil, 2012.

m'écoute vraiment, première fois que je peux dire ce que je veux faire, première fois que l'on m'associe à un projet... » (une salariée d'Actypole-Thiers) ; « Ne plus avoir à aller à la banque alimentaire, parce que ça, il faut le vivre, et ça, je le vivais violemment » (une autre salariée d'Actypole-Thiers).

Ce pouvoir d'agir retrouvé déborde du seul cadre de l'emploi pour concerner plus largement le « bien-vivre ensemble », avec ses dimensions sociale, culturelle et citoyenne. D'après Denis Prost, ancien chef de projet d'un territoire zéro chômeur, « les personnes ne sont pas des "bénéficiaires" dont on va simplement satisfaire les besoins, mais des personnes qui ont des envies, des ressources, des choses à apporter aux autres. Passer à ce regard-là, c'est un combat de tous les instants, mais c'est l'éthique de fond du projet : on est là pour refaire société avec les personnes reléguées ».

Sur certains TZCLD comme ceux de Loos et de Thiers, des actions culturelles nouvelles sont lancées en lien avec l'EBE et d'autres acteurs. Un militant d'ATD Quart Monde insiste sur l'importance de la culture : « Quand on a accès à [l'art et à la culture], on n'est plus seul. On peut parler d'autre chose que des problèmes. [...] On sait tous des choses. On a tous une sensibilité. Il faut échanger, partager. Mais, pour cela, le regard des autres est important. Il y a des regards qui nous dessèchent, qui nous tuent. Le regard nous conditionne, nous met une étiquette, et pour la décoller, c'est difficile. Mais un regard positif fait vivre, comme si on buvait de l'eau à une source. Il nous irrigue le cerveau et tout le corps. Il nous donne de la force pour aller de l'avant[49]. »

Les salariés des EBE s'engagent à développer le projet et les activités de l'entreprise, mais aussi les compétences techniques

49. Fabrice Matsima, « Si vous regardez l'autre comme quelqu'un qui vous ressemble... », *Revue Quart Monde*, n° 186, 2003.

et humaines de chacun. La charte de la Fabrique de l'emploi à Loos et Tourcoing, rédigée en 2018 avec les salariés, insiste sur l'engagement de chacun à faire de son mieux, le droit à l'erreur, l'acceptation des différences, le respect des compétences et du rythme de chacun, le cadre collectif dans lequel s'inscrit la responsabilité individuelle. Les objectifs sont collectifs et chaque salarié a sa part à prendre en contribuant à une culture de la coopération et à redonner de la dignité à chacun.

« Le projet collectif de l'EBE n'est pas d'être un tremplin, explique Ghislain De Muynck, directeur de la Fabrique de l'emploi, mais un employeur qui porte les emplois supplémentaires. En revanche, notre responsabilité est aussi de permettre à chaque salarié d'être maître de son parcours professionnel, d'apprendre des choses, de développer des compétences professionnelles et d'évoluer. Si des envies d'ailleurs s'expriment, dans un projet individuel, à un moment choisi par le salarié, alors on doit l'accompagner vraiment et devenir pour lui un tremplin[50]. »

Cette responsabilité d'aider chaque salarié à avancer dans son parcours professionnel et sa vie n'est pas du seul ressort de la direction de l'EBE. Elle est partagée entre tous. Une salariée d'EmerJean témoigne : « Avant, j'étais aide cuisinière, je faisais la vaisselle, et un jour on m'a proposé de faire la cuisine. J'avais peur, je me disais : "Est-ce que ça va marcher ?" Mais j'ai fait le menu et tout le monde m'a dit que c'était bon. Ça m'a motivée pour travailler à la cuisine ; après, je me suis fait confiance[51]. »

Une autre salariée d'EmerJean explique en novembre 2021 la manière dont son travail dans l'entreprise consiste aussi

50. Stéphane de Langenhagen, « Quel avenir pour les Territoires zéro chômeur de longue durée ? », *Solidarum*, 15 mai 2021.
51. Elvisa, Hanifa, Zaccaria, Thaouès, Sarah, Sami, Hafida, Kadiatou, Amélie, Sonia, Wifag et Naïma, « L'inclusion dans l'emploi », *Revue Quart Monde*, n° 261, 2022.

à interagir avec ses collègues: «Il faut mettre une distance entre nos perceptions et ce que sont vraiment les autres personnes, et savoir prendre du recul. La bienveillance est le plus important; être ensemble plutôt qu'être centré sur soi. Lors d'un conflit avec une personne, je n'ai pas réagi tout de suite, car je savais qu'on pourrait en reparler plus tard. En cas de conflit, il ne faut pas garder les choses pour soi. La bienveillance est un sujet de discussion dans nos équipes. On en parle, il y a les réunions du lundi matin, les salariés qui le souhaitent sont formés à ça[52].»

Voir sa place reconnue dans une EBE peut permettre, avec le temps et le soutien nécessaires, de dépasser des blocages liés à des expériences passées: échec scolaire, peur d'apprendre, de faire des erreurs, d'être confronté à ses limites, etc. On se trouve alors soi-même en position de transmettre des savoirs et de partager des responsabilités sans être dans des relations d'autorité et de hiérarchie traditionnelles.

Dorothée Kennedy, salariée de l'EBE La Fabrique de l'emploi à Loos, explique sur le site de TZCLD: «Animer un groupe de travail n'était pas évident au départ pour moi. Je me dépasse tous les jours. C'est parfois compliqué mais c'est agréable, et quand je rentre chez moi, je suis fière.» Un autre salarié témoigne: «L'emploi d'avant, que ça tourne ou pas, ce n'était pas mon problème. [...] J'arrivais, on me demandait de faire mon travail, je faisais mon travail. La pression que le patron a sur la tête, ce n'est pas moi qui l'avais. [...] Maintenant, je l'ai, parce que c'est notre projet. Donc il faut bien faire attention à ce qu'on fait. [...] On ne peut pas rester sur nos acquis. Il faut avancer[53].» La personne peut passer d'un projet professionnel individuel – qui sera toujours comparé à un autre

52. Document interne ATD Quart Monde.
53. Anne Fretel, Florence Jany-Catrice, Philippe Semenowicz et Sylvain Vatan, «"Territoire zéro chômeur" face à la crise sanitaire», *op. cit.*

projet individuel, ou jugé insuffisant, irréaliste, etc. – à un projet professionnel collectif.

L'emploi en EBE permet aux salariés qui le souhaitent de développer des « compétences transversales » (Pôle emploi a identifié quatorze « savoir-être » ou « savoir-faire génériques » qui facilitent le passage d'un métier à un autre : capacité d'adaptation, gestion du stress, travail en équipe, sens de la communication, autonomie, sens de l'organisation, rigueur, force de proposition, curiosité, persévérance, prise de recul, capacité de travail, capacité à apprendre, capacité à intégrer la contrainte). Annaïg Abjean et Pauline Beaudet, respectivement directrice de la Mission régionale d'information sur l'exclusion (Mrie) et chargée de mission à la Mrie, soulignent que « donner à chacun les outils pour mettre en valeur ses richesses, c'est un véritable enjeu de justice sociale, et c'est une responsabilité collective. Toute la société gagne à ce que chacun puisse mettre ses compétences au service de la collectivité. [...] À EmerJean, tous les salariés développent des compétences particulières d'organisation, du fait de la structure horizontale de l'entreprise et de sa taille ». Des compétences parfois puisées dans le parcours de vie : « Des personnes ayant fait l'expérience de cumuler des précarités dans leur vie ont très souvent développé des compétences de gestion du stress, de persévérance, d'autonomie (dans le sens de savoir mobiliser des soutiens, savoir demander de l'aide lorsqu'on ne sait pas faire), plus que d'autres personnes n'ayant pas connu de telles difficultés[54]. »

Tous les salariés d'une EBE ne souhaitent ou ne peuvent cependant pas s'investir de la même façon ou au même moment dans un projet collectif : certains, parce qu'il leur

---

54. Pauline Beaudet et Annaïg Abjean, « Ce que nous avons appris en travaillant sur les compétences transversales », *La Revue de la Mrie*, juillet 2021.

faut du temps, d'autres, parce que «les personnes concernées peuvent se trouver dans une temporalité courte, une forme d'urgence [parfois amplifiée par la pression de l'entourage. Par exemple, les jeunes subissent souvent une pression énorme pour quitter leurs parents et gagner de l'argent afin de construire leur vie], les conduisant à déclarer leur volonté de saisir n'importe quelle occasion d'emploi», ou bien parce qu'elles ont encore «du mal à se dégager des schémas classiques de représentation de l'emploi, éprouvant une vraie difficulté à émanciper le travail de sa lecture marchande classique d'appariement de l'offre à une demande de travail liée à un besoin identifié», ou bien encore parce qu'elles intériorisent «des représentations du chômage comme relevant des carences des chômeurs[55]».

«L'environnement de travail ne produit pas les mêmes effets auprès de tous les salariés», confirme l'équipe du Territoire zéro chômeur de Villeurbanne[56].

Le territoire renforce son pouvoir d'agir

Les autres habitants des Territoires zéro chômeur de longue durée, les élus, les artisans et les entrepreneurs, les professionnels de l'éducation, de la santé et du travail social, etc., gagnent eux aussi en pouvoir d'agir. Parmi ces derniers, certains pensaient que l'emploi n'était pas possible pour des personnes qui accumulaient trop de problèmes à résoudre. Mais l'embauche inconditionnelle en EBE et l'accompagnement en amont et en aval de l'embauche ont permis aux intéressés de reprendre confiance dans leur capacité à travailler et de

55. Mathieu Béraud et Jean-Pascal Higelé, «"Territoire zéro chômeur de longue durée": les luttes d'interprétation d'un droit à l'emploi», *La Nouvelle revue du travail*, n° 17, 2020.

56. «Bilan final de la 1re étape expérimentale. Un pas supplémentaire pour le droit à l'emploi», ETCLD, 2021.

reconstruire de nouveaux projets personnels et familiaux. Une référente revenu de solidarité active (RSA) sur un territoire expérimental explique : « J'ai de la chance d'avoir ce projet sur mon territoire d'intervention. C'est un levier solide pour mon travail. Des personnes pour qui je n'avais plus d'espoir ont retrouvé du travail. Avant, je pensais parfois que, pour certains, c'était foutu. Maintenant, je crois aux miracles et je me dis que rien n'est jamais perdu. Ça m'a redonné du dynamisme dans ma pratique ; ça m'a redonné patience et espoir. »

« Le fait de réfléchir au projet professionnel ne suffit pas pour que des personnes repartent, ajoute une autre référente RSA. Souvent, elles en ressortent déçues, démobilisées. Multiplier les formations professionnelles ne donne pas les résultats escomptés. Des chantiers d'insertion, OK, mais, à la fin, certains se retrouvent au point de départ. Il manque la sécurité d'un CDI. Des gens sont bloqués dans l'assistanat. Parfois, le système ne les incite pas à aller travailler. Par exemple, certains refusent du travail d'intérim parce qu'après, s'ils ne retrouvent rien, le calcul de certaines aides va changer et ils se demandent comment ils vont vivre après. [Avec l'EBE], c'est un emploi sécurisé. Le projet enlève un frein à l'emploi, redonne une place aux personnes, met en lumière leurs pépites. »

« On voit moins de gens qui viennent pour des bons alimentaires, par exemple, témoigne une assistante sociale d'un autre territoire expérimental. Avant, il y avait des permanences pour ça, c'était horrible… Depuis qu'il y a l'EBE, j'en vois dix fois moins. Les personnes que je voyais avant, qui sont aujourd'hui intégrées dans l'EBE, je ne les vois plus… Ce sont des gens qui travaillent, qui sont contents de travailler[57]. »

57. Marc-Antoine Douchet et Achille Warnant, « L'insertion comme levier de développement en milieu rural. De Lambiotte à "Territoires zéro chômeur" (Prémery) », *La Revue d'économie régionale et urbaine*, 2021.

En finir avec le discours sur le mérite

Dans les représentations communes, «un emploi, ça se mérite» et c'est avant tout par soi-même que l'on réussit à y accéder. Sauf que la réussite personnelle est liée pour une grande part au milieu social, au contexte et à la société.

De quel mérite doit-on faire preuve pour accéder à une embauche en EBE? De compétences particulières, de justificatifs de réponses à des offres d'emploi, d'une réussite à un entretien d'embauche, d'une disponibilité ou d'une mobilité importantes, etc.? Non. En ne fixant comme seules conditions que le fait d'être privé d'emploi depuis au moins un an, la résidence sur le territoire depuis au moins six mois, le volontariat pour l'embauche en EBE et l'accomplissement d'actes positifs de recherche d'emploi (dont on peut considérer que l'implication dans la mobilisation de son territoire pour devenir TZCLD et/ou le volontariat pour une embauche en EBE font partie), les lois de 2016 et 2020 revisitent ces conceptions du mérite à l'emploi pour leur préférer l'approche d'un «droit à l'emploi» considéré comme un «commun» qui devrait être accessible à tous.

L'expérimentation TZCLD déplace l'objet du mérite. Il ne s'agit plus d'afficher des performances personnelles au regard d'objectifs fixés par d'autres – d'autant plus que, «sous prétexte de viser l'efficacité, [les nouvelles méthodes d'évaluation] n'évaluent que la capacité à s'adapter au système d'évaluation lui-même[58]». Le mérite des personnes privées durablement d'emploi se situe souvent dans des zones d'ombre, dans de multiples tentatives pour travailler, parfois bénévolement et parfois anciennes, pas toujours reconnues par des

58. Angélique del Rey, *La Tyrannie de l'évaluation*, La Découverte, 2013, citée par Danièle Linhart, *La Comédie humaine du travail. De la déshumanisation taylorienne à la sur-humanisation managériale*, Érès, 2015.

attestations, courriers ou « journaux de bord » permettant de justifier de sa recherche d'emploi (cette obligation faite par Pôle emploi encourage des modes de recherche justifiables mais peu efficaces et accroît souvent la méfiance vis-à-vis de l'institution), sans compter le mérite d'arriver à vivre et à faire vivre sa famille sans revenus décents, ceux de la protection sociale se situant très en dessous du seuil de pauvreté.

L'objet du « mérite » se situe davantage dans les contributions que chacun souhaite apporter au projet. À Pipriac et Saint-Ganton, une soixantaine d'habitants privés d'emploi ont participé à une centaine de rencontres de mobilisation du territoire entre 2014 et 2015, sans être rémunérés et sans garantie qu'ils seraient ensuite embauchés dans une entreprise à but d'emploi. En tout état de cause, ce « mérite » ne saurait conditionner l'embauche en EBE : les personnes, selon leurs capacités et leurs situations personnelles, n'ont pas toutes la même aptitude à contribuer à la construction du projet.

« La méritocratie constitue une alternative enviable au régime aristocratique d'antan, explique Michael J. Sandel, professeur de philosophie politique à l'université d'Harvard. Mais elle a une face sombre. Elle requiert une mise à égalité préalable des chances entre les privilégiés et les désavantagés qu'il est quasi impossible de mettre en œuvre. Car si chacun a la possibilité de se hisser en haut de l'échelle, la distance entre les barreaux n'est pas la même pour tous. [...] La loi du marché fait qu'un spécialiste du *trading* haute fréquence gagne plus qu'un médecin ou qu'un dealer vit mieux qu'un enseignant, c'est aberrant ! Nous avons besoin d'une délibération sur les fins de la vie commune (une existence épanouissante et digne) afin de réévaluer les contributions de chacun à ces fins. [...] Retisser les liens sociaux délités sous l'effet de cette "tyrannie du mérite" tient du changement de paradigme. Il faut en finir avec la méritocratie pour renouer avec la solidarité, pour réaliser aussi combien nous sommes dépendants les uns les autres. [...] Promouvoir une société [...] où l'on valorise l'apport de chacun au bien commun[59]. »

« Prônant une justice contributive, Michael Sandel pose que tous les citoyens doivent être considérés comme contribuant au bien commun et respectés à ce titre, ajoute la sociologue Marie Duru-Bellat. On ne peut se contenter d'une justice distributive, qui compense les inégalités par des aides, tandis que la course en avant vers plus de bien-être matériel ferait passer au second plan les débats et les controverses qui devraient émerger pour définir une société juste[60]. »

C'est bien dans cet esprit que s'inscrit le projet TZCLD. Il ne vise pas à récompenser le mérite de certains par un emploi, mais à donner à tous la possibilité de contribuer durablement au bien commun dans le cadre d'un emploi rémunéré. Ce qui se vérifie par la forte plus-value écologique et sociale de nombre d'activités mises en œuvre par les EBE.

C'est aussi l'accès à un emploi décent en CDI qui permet d'assumer ou de réassumer ses responsabilités : « Les personnes et familles en grande pauvreté [...] démontrent l'interdépendance qui existe entre droits et responsabilités. Puisque, faute de droits économiques, sociaux et culturels, elles ne peuvent pas assumer les responsabilités professionnelles, familiales et sociales qui leur incombent. Or, faute de pouvoir exercer leurs responsabilités, elles sont considérées comme des citoyens de seconde zone, que l'on peut

59. Entretien avec Marie Boëton, « Michael Sandel : "Il faut en finir avec la tyrannie du mérite" », *La Croix*, 21 mars 2021.
60. Marie Duru-Bellat, « Michael J. Sandel, *La Tyrannie du mérite* », *Lectures*, en ligne, 6 mai 2021.

priver des droits économiques, sociaux et culturels de tous les autres citoyens[61]. »

Le projet TZCLD participe ainsi à la construction de nouveaux paradigmes - d'un nouvel imaginaire - où les notions de mérite, de contribution de chacun à la vie commune et les liens entre droits et devoirs sont revisités dans un sens qui libère les personnes d'un sentiment de culpabilité et d'impuissance pour leur ouvrir les portes du pouvoir d'agir et de l'action collective.

61. Joseph Wresinski, «La grande pauvreté, défi posé aux droits de l'homme», intervention à la Commission des droits de l'homme de l'ONU le 20 février 1987, *Refuser la misère, op. cit.*

CHAPITRE 3
L'emploi, un commun à construire avec tous ?

Les emplois ne s'inscrivent pas toujours dans leur territoire. Un certain nombre produisent de la richesse pour d'autres territoires, réels ou virtuels (cf. les univers parallèles construits par certains monopoles d'Internet). Dans l'expérimentation Territoires zéro chômeur de longue durée, les emplois et les activités sont de proximité, avec la proposition faite aux personnes de s'inscrire dans un collectif de travail, lui-même en lien avec un collectif d'habitants et d'acteurs locaux. Certains territoires expérimentaux proposent ainsi à des habitants de s'investir bénévolement dans le CLE ou l'EBE, ou de participer régulièrement aux réunions d'information et aux portes ouvertes sur le projet, comme dans le quartier Saint-Jean à Villeurbanne.

C'est à cette petite échelle que le travail peut s'humaniser et prendre du sens, en participant localement à la construction de la résilience économique, sociale et écologique.

Les territoires concernés sont-ils en train de construire un nouveau commun : l'emploi durable ?

L'emploi comme un commun

Un commun est une ressource gérée par une gouvernance collective qui en organise les droits d'accès et de propriété entre les parties prenantes et qui vise une exploitation ordonnée de la ressource en permettant sa préservation et sa reproduction sur le long terme.

Comme l'écrivent Nicolas Bouillant et Thierry Germain, « cette aspiration citoyenne poursuit un mouvement de fond. Les questions fondamentales posées à la société contemporaine, si elles sont souvent mondiales (les crises écologiques, sanitaires ou économiques démontrent la persistance, voire le renforcement, des interdépendances), sont également le plus souvent territoriales dans leur expression, et surtout dans leur résolution. Les mutations se lisent et se réalisent à l'intersection du local et du global : écologie, énergie, transports, consommation, production[62]... ».

Dans le sillage de la crise financière de 2008 et de l'attribution en 2009 du « prix Nobel » d'économie à Elinor Ostrom, des chercheurs formulent l'hypothèse, dans les années 2010, que, en plus des ressources naturelles et numériques pouvant donner lieu à la construction de communs, d'autres ressources comme l'emploi, la santé, la culture, l'éducation, le logement, la mobilité, l'énergie ou l'alimentation pourraient également devenir des « communs sociaux ».

Ces derniers concernent des ressources de nature sociale. Ils ont pour objectif d'accroître le pouvoir d'agir sur ces ressources et donc de développer des « capabilités », comme les nomme Amartya Sen dans son ouvrage *Un nouveau modèle économique*, c'est-à-dire d'augmenter les possibilités de choix des personnes concernant la conduite de leur vie.

Dans le cadre du projet TZCLD et plus généralement des communs sociaux, il faut veiller à ce que la démarche des communs n'empiète pas sur les biens ou services publics. Une règle de base du projet, celle de la non-concurrence des

62. Nicolas Bouillant et Thierry Germain, *Une République de l'intelligence territoriale, grâce à l'expérimentation locale*, Fondation Jean-Jaurès, 2020.

activités, est censée garantir ce non-recouvrement entre activités des entreprises à but d'emploi et services publics locaux ou nationaux.

Dès 2016, l'économiste Philippe Semenowicz entreprend d'étudier le projet sous l'angle des communs[63]: «De prime abord, TZCLD peut simplement apparaître comme le dernier avatar de la logique d'activation de la dépense pour l'emploi. L'ambition de TZCLD se situe pourtant au-delà: il s'agit de créer une "économie en commun" (Defalvard, 2015), au niveau des objectifs comme de la gouvernance. [...] TZCLD vise à redonner du "pouvoir d'agir" aux chômeurs de longue durée en leur permettant d'être à nouveau producteurs de richesses. Le programme s'inscrit donc dans une perspective d'*empowerment* qui caractérise de longue date la démarche d'ATD Quart Monde.» Un pouvoir d'agir qui veut permettre aux personnes de sortir du chômage et de la précarité, et plus largement de s'affranchir de toutes les dimensions de la pauvreté, visibles et invisibles.

De même, Marie-Hélène Bacqué et Carole Biewener font d'ATD Quart Monde l'un des pionniers de l'*empowerment* en France, car le mouvement figure «parmi les premiers à avoir considéré la pauvreté comme une négation des droits fondamentaux et à avoir défendu que les pauvres, grâce au savoir issu de l'expérience, sont les mieux placés pour éradiquer la misère[64]».

Parmi les interprétations possibles de Territoires zéro chômeur de longue durée (voir chapitre 6), celle qui considère l'emploi comme un commun social – même si, encore très

63. Philippe Semenowicz, «Le programme "Territoires zéro chômeur": une économie en commun?», *Cahier de la chaire ESS-Upem*, actes du workshop international, 16 mai 2016.
64. Marie-Hélène Bacqué et Carole Biewener, *L'Empowerment, une pratique émancipatrice*, La Découverte, 2013.

récente, elle n'a pas véritablement émergé au sein de l'expérimentation pendant la phase 2016-2021, malgré l'attention qu'y portent dès 2016 des chercheurs tels que Philippe Semenowicz – semble en effet le mieux correspondre à cette perspective d'*empowerment* portée par ATD Quart Monde. Elle correspond également aux modes d'action collective et de mobilisation des territoires qui ont abouti à la loi de février 2016 et à l'esprit de cette loi qui attribue à chaque territoire la responsabilité d'organiser l'éradication du chômage de longue durée. L'esprit mais pas la lettre : la loi de 2016 et son décret précisent la composition du CLE, mais pas ses modes de fonctionnement. S'agit-il par conséquent de simples politiques publiques décentralisées – auquel cas on ne se situe pas dans des « communs » – ou bien de gouvernances locales réinventées au niveau de chaque territoire ?

Des acteurs de certains territoires expérimentaux semblent se reconnaître dans cette approche de commun social : « Le projet [de la métropole de Lille] est porté par des acteurs locaux ancrés dans la longue histoire de l'économie sociale du Nord : une économie sociale empreinte des combats ouvriers et socialistes, innovante, cherchant à réparer les effets de la désindustrialisation, misant sur des initiatives de l'éducation populaire. [...] Plus largement, TZCLD permet, ou voudrait permettre, d'accroître le sentiment d'appartenance au quartier, le développement de la citoyenneté, l'augmentation du pouvoir d'agir, de nouvelles modalités d'action publique territoriale, etc[65]. »

« L'expérimentation est bien construite, en principe, sur la figure du commun social de capabilité », confirme la

65. Florence Jany-Catrice, « "Territoire zéro chômeur" : nouvel avatar ou dépassement des politiques néolibérales de l'emploi ? », *op. cit.*

chercheuse Élisabeth Duveau[66]. Il ne s'agit plus seulement d'avoir accès à un « droit à l'emploi » administré par d'autres, mais de produire et de gérer ces emplois collectivement, y compris avec les personnes qui en sont privées durablement et dont l'expérience est indispensable pour parvenir à assurer une place à chacun.

L'« économie en commun » qu'ambitionnerait de devenir TZCLD – pour reprendre l'expression de Philippe Semenowicz – implique que les activités des EBE soient définies collectivement, ainsi que leur organisation, leurs modes de production, de formation, etc. Elle suppose aussi que soient discutés collectivement les objectifs finaux de l'EBE et la manière dont celle-ci va concilier les impératifs économiques et ceux liés à la raison d'être du projet: proposer une embauche à toute personne durablement privée d'emploi et lui permettre de s'y maintenir dans de bonnes conditions.

Ce postulat conduit à s'interroger: quels sont les indicateurs de pilotage et d'évaluation d'une entreprise à but d'emploi? Par qui et comment sont-ils discutés? Dans la logique des communs sociaux, ils doivent l'être par l'ensemble des protagonistes des EBE et des CLE, avec les acteurs de l'expérimentation au niveau national, régional, etc., jusqu'aux personnes les plus éloignées de l'emploi. Considérer l'emploi décent en CDI comme un commun exclut en effet un mode dominant de régulation d'un CLE ou d'une EBE par le marché, l'État ou une collectivité territoriale, ou un groupe d'intérêts exclusifs. Durant la phase 2016-2021, le choix s'est cependant arrêté sur des indicateurs essentiellement économiques pour

66. Dans son mémoire « Entrepreneuriats de territoire, communs sociaux et capabilités: comment générer de nouveaux modes de développement local? », 2018. Voir aussi le colloque « Territoires solidaires en commun: controverse à l'horizon du translocalisme », qui s'est déroulé au Centre de Cerisy en 2019 et auquel a participé Daniel Le Guillou, représentant TZCLD et ATD Quart Monde.

les EBE, comme en témoignent les bilans annuels du Fonds ETCLD. Cette réflexion sur de nouveaux indicateurs pour les EBE sera à poursuivre durant la phase 2021-2026. Elle rejoint celle sur les indicateurs de richesse d'un territoire et la part que doivent y prendre les citoyens[67].

Une gouvernance commune à construire, du local au national

TZCLD présente l'originalité d'être une expérimentation née sur quelques territoires, « remontée » au niveau national à partir de 2015 afin d'obtenir le vote d'une loi au Parlement, puis « redescendue » sur les territoires à partir de 2017. Il s'agit d'emblée d'une expérimentation qui entremêle différents niveaux de gouvernance, depuis le très local – qui est, pourrait-on dire, le niveau de départ à partir duquel il faut concevoir les niveaux supérieurs – jusqu'au national, voire européen lorsqu'il s'agira, en 2026 ou avant, d'envisager sa pérennisation sur le territoire français en conformité avec le cadre européen.

Au niveau local, l'organe de mobilisation et de gouvernance est le comité local pour l'emploi, structure multi-acteurs inédite et parfois ouverte aux citoyens volontaires. Élaborée entre 2014 et 2016 sur les premiers territoires engagés dans l'expérimentation, elle doit en particulier s'efforcer d'assurer dans la durée la conduite du projet, la représentativité des acteurs du territoire et la stabilisation des concepts de non-concurrence des activités et de privation durable d'emploi.

Comme le soulignent Florence Jany-Catrice et Anne Fretel, « la dynamique territoriale qui se déploie invite les instances

67. « Groupe de travail animé par Franck Montaugé. De l'usage des indicateurs de développement dans l'action publique et le débat citoyen », audition de Florence Jany-Catrice et Dominique Méda, 26 avril 2016.

du territoire à sortir chacune de son couloir de nage et à agir de concert, par innovations multiples, voire en rupture avec les pratiques administratives ou économiques ordinaires, pour le bien commun du territoire: ici, éradiquer le chômage de longue durée. L'existence de ce comité local doté de ces attributs et la dynamique territoriale déplacent la responsabilité de la réussite du projet au niveau du territoire, plutôt que de la circonscrire à l'entreprise à but d'emploi[68] ».

Le CLE et son noyau – l'équipe projet – doivent veiller à ce que la « responsabilité de la réussite du projet » repose sur eux et non sur la seule EBE, et que le CLE soit ouvert à tous les acteurs et habitants volontaires du territoire, afin que ces derniers puissent autant être transformés par le projet que le construire collectivement en scrutant en permanence les besoins du territoire pour y répondre au mieux. Pour Bertrand Foucher, président d'EmerJean, « mettre au centre la question de la place des habitants permet d'avoir un projet qui ne soit pas purement technique. Quand on part des habitants, on arrive en général à mettre d'accord les acteurs du projet. Il faut sans cesse travailler la participation des habitants dans le CLE, et que l'équipe projet soit dans des actions avec les personnes sur le terrain[69] ». « Nous avons travaillé sur la logique de l'envie, confirme Agnès Thouvenot, maire adjointe de Villeurbanne et l'une des principales initiatrices du projet TZCLD du quartier Saint-Jean, et non pas seulement de la légitimité institutionnelle. Beaucoup de gens sont venus travailler bénévolement sur le projet[70]. »

68. Florence Jany-Catrice et Anne Fretel, « Une expérimentation provocatrice et innovante », *Revue Quart Monde*, n° 261, 2022.
69. Lors d'une rencontre ATD Quart Monde le 21 janvier 2022.
70. Lors de la journée « La fabrique du consensus » du 23 mai 2017 à l'Assemblée nationale.

« TZCLD, explique Philippe Semenowicz[71], constitue un laboratoire *in vivo* et dans la durée de la mise en œuvre d'une "gouvernance polycentrique" telle qu'Elinor Ostrom l'avait envisagée. Il est possible d'analyser cette organisation du dispositif [TZCLD] à partir de la typologie des règles dégagée par Ostrom. La loi d'expérimentation [de 2016] correspond à un changement des "règles externes". Elle modifie en effet les normes en vigueur, en reconnaissant la pertinence de l'échelon local pour traiter le chômage de longue durée et en lui transférant les moyens correspondants. Ce faisant, elle confère aux acteurs locaux l'autonomie nécessaire à l'émergence d'un commun. Ostrom distingue en son sein trois niveaux de règles étroitement emboîtés, chacun étant défini de manière endogène dans le cadre fixé par celui qui lui est immédiatement supérieur. Les "règles de choix constitutionnel" formulent le cadre général que se donnent les commoneurs[72]. Concernant TZCLD, il s'agit des règles édictées par le comité local d'expérimentation : définition du périmètre des commoneurs, principes de gouvernance, modalités d'accès à la ressource commune... Les "règles de choix collectif" se situent au niveau intermédiaire et visent à gérer les conflits et dysfonctionnements en matière de gestion de la ressource. Dans le cadre de TZCLD, la principale "arène" consiste à ce niveau dans la direction opérationnelle, qui va déterminer avec toutes les parties prenantes la politique suivie au niveau local. Enfin, les "règles opérationnelles" fixent les modalités quotidiennes de fonctionnement. Elles sont produites par les [EBE]. TZCLD offre donc l'exemple d'un programme caractérisé par l'imbrication

71. Philippe Semenowicz, « Le programme "Territoires zéro chômeur" : une économie en commun ? », *op. cit.*

72. Membres d'une communauté regroupée autour de la préservation et de l'usage d'un bien commun.

de "systèmes multiniveaux" imposant une "gouvernance polycentrique[73]" ».

La construction d'une gouvernance de l'expérimentation TZCLD dans l'esprit des communs n'est bien sûr pas une réalité dans tous les territoires expérimentaux, ni à tous les échelons de gouvernance, et ne le sera peut-être pas avant longtemps. Il faudrait pour cela que la culture des communs imprègne ces différents niveaux, depuis les CLE et EBE jusqu'aux réseaux régionaux et aux structures nationales TZCLD et ETCLD, et que l'État – présent avec un droit de veto au sein du Fonds ETCLD – et les collectivités territoriales trouvent leur juste place dans ces nouveaux modes de gouvernance.

« Il s'agit de préciser les conditions de la démocratie, de "l'agir commun" au sein de l'institution en charge de la gouvernance. En particulier dans le cadre de TZCLD, il s'agit de repositionner les acteurs publics au sein du CLE à égalité avec les autres acteurs[74] », estime Daniel Le Guillou, vice-président de l'EBE Actypoles-Thiers. Cela doit se faire à égalité, mais chacun sur ses mandats, la puissance publique ayant, par rapport aux acteurs privés et associatifs du CLE, une responsabilité particulière qui ne doit pas se transformer en posture d'autorité, mais en soutien aux initiatives et en garantie des principes fondamentaux du projet. C'est en principe le cas puisque, selon les textes, aucun des acteurs du projet n'a de voix prépondérante. Mais, en pratique, il arrive que les attitudes prédominantes de certaines institutions développées dans d'autres cadres soient importées au sein du CLE.

73. Selon les expressions de Jean-Pierre Chanteau et Agnès Labrousse, « L'institutionnalisme méthodologique d'Elinor Ostrom : quelques enjeux et controverses », *Revue de la régulation*, n° 14, 2013.
74. Daniel Le Guillou, « Comptabilité et communs, l'apport de la méthode Care », La Coop des Communs, 2020.

Cette question est aussi l'un des objets de l'expérimentation, de même que les défis multiples auxquels toute gouvernance polycentrique est exposée dans la durée : comment assurer une représentativité des différents acteurs, et ceci sans appropriation par l'un d'eux ? Quels modes de relation mettre en place entre le CLE, les collectivités et les EBE ? Quelles régulations entre les EBE d'un même territoire (tarification, rémunération, choix d'activités, soutien des salariés en emploi, etc.) ? Comment faire en sorte que le niveau régional et national du projet conforte le pouvoir d'agir du territoire sans le brider ? Que le passage à une plus grande échelle ne rigidifie pas des modes de gouvernance patiemment élaborés à petite échelle (depuis fin 2021, plusieurs dizaines de nouveaux territoires rejoignent les dix premiers territoires expérimentaux) ? Comment limiter les inégalités entre territoires ?

« Quel est le rôle de l'État dans la gestion des communs ? » s'interroge l'économiste Gaël Giraud. Il écrit : « Certains, comme Pierre Dardot et Christian Laval [2014], affirment que l'État n'a rien à voir avec les communs et incarne un obstacle à leur gestion. À l'Agence française de développement, nous pensons que, si l'État ne doit pas nécessairement gérer en direct ces communs (qui deviendraient *ipso facto* des biens publics), il doit créer les conditions de possibilité de l'émergence des communs au sein de la société civile et du secteur privé. Par exemple, favoriser la créativité de la société civile pour se coaliser et gérer des communs – par le biais d'ONG, de coopératives, etc[75]. »

Le langage des communs est absent des textes des lois TZCLD de 2016 et 2020-2021 ainsi que des discussions

75. « Les communs, un concept-clé pour l'avenir du développement », *iD4D*, 25 octobre 2016.

parlementaires qui y ont conduit. Ne peut-on voir, au contraire, une volonté de reprise en main par la puissance publique dans les tentatives, durant la discussion au Sénat de la loi de 2020, de renforcer le pouvoir du préfet, de Pôle emploi et de la Direction régionale des entreprises, de la concurrence, de la consommation, du travail et de l'emploi (Direccte) dans les CLE et, dans le décret de juin 2021, de nommer un représentant du conseil départemental à la présidence du CLE plutôt que le représentant de la collectivité locale porteuse du projet? Fait notable, ces tentatives ont été contrecarrées par la mobilisation des territoires expérimentaux, de l'association TZCLD et de leurs soutiens.

Philippe Semenowicz explique «le rôle primordial joué par les collectivités territoriales dans TZCLD: même si le cadre général est garanti par l'État central via la loi d'expérimentation, le programme suppose que des élus locaux s'emparent du programme pour le mettre en œuvre sur leur territoire. Les modalités de formation de la communauté correspondent donc tout à fait au postulat d'Hervé Defalvard [dans *La Révolution de l'économie (en dix leçons)*, 2015] selon lequel l'émergence d'une "économie en commun" passera par des projets développés par les collectivités territoriales: "L'économie en commun se traduira par la montée en puissance des collectivités territoriales dans la coconstruction des économies locales. Sans remettre en question le rôle régalien de l'État ni sa contribution à la solidarité nationale, les collectivités locales, en particulier les communautés d'agglomérations ou de communes, auront un rôle facilitateur à jouer dans l'émergence d'économies territoriales"[76]».

76. Philippe Semenowicz, «Le programme "Territoires zéro chômeur": une économie en commun?», *op. cit.*

La préfiguration d'une « société du commun » ?

Bien que seulement esquissée par TZCLD, la construction de l'emploi comme commun dessinerait-elle les contours possibles d'une future politique ou société du commun ? Dans ce sens, l'expérimentation ne devrait-elle pas relever non pas du seul ministère du Travail mais aussi d'une délégation interministérielle à l'innovation sociale ?

Dans l'esprit de la participation de tous chère à ATD Quart Monde, TZCLD ne viserait pas à améliorer la situation de personnes exclues de la société sans toucher au reste mais, selon les termes de Christian Laval, à « inscrire le principe du commun dans une logique d'action orientée vers un modèle possible et souhaitable de société. Le commun est affaire d'agir commun et d'institution de cette activité commune. Penser une politique du commun, c'est se demander comment "instituer des communs" dans tous les domaines de la société à toutes les échelles. La politique du commun est, à nos yeux, transverse à tous les domaines. Elle touche aussi bien le politique, l'économique et le social[77] ».

Pour Agnès Thouvenot, adjointe au maire de Villeurbanne, les dynamiques de participation expérimentées par TZCLD débordent du simple cadre de l'accès à l'emploi : « Si les institutions publiques et le service public de l'emploi sont autour de la table comme dans tous les dispositifs d'emploi, le [CLE] réunit aussi les entreprises du territoire, les salariés de l'EBE, les habitants, des associations et les partenaires sociaux. Cette gouvernance multipartenariale permet, à partir des besoins du territoire, d'inventer les solutions idoines, dans une logique de coalition d'acteurs qui a des effets au-delà de TZCLD. Nous le pressentons, cette

77. Christian Laval, « Qu'est-ce que le Commun ? », collège des Bernardins, 2014.

gouvernance, à condition de s'appuyer sur un portage politique, sur les habitants et sur une approche transversale des politiques publiques, peut générer des dynamiques de coopérations inédites. Fragiles, mais réelles, ces coopérations peuvent être une des briques d'une transition systémique vers un autre modèle économique, social, écologique, culturel et d'implication citoyenne[78]. »

Les modes de gouvernance mis en œuvre dans TZCLD, précise l'élue en 2017, « n'ont rien à voir avec ce que les élus font habituellement. Ce n'est pas de la démocratie participative, ce n'est pas de la concertation. On est plutôt dans un principe de coélaboration, de coconstruction. Il faut mettre en œuvre des outils pour cela. C'est un travail continu. On a aussi travaillé sur la logique de l'envie [de participer au projet], et non pas seulement sur la logique des légitimités institutionnelles. Cela a permis de réunir plein de personnes qui n'avaient pas de légitimité initialement, mais qui avaient envie, et qui ont gagné leur légitimité par leur travail[79] ».

TZCLD réveillerait-elle les envies et les capacités des différents acteurs d'un territoire d'œuvrer ensemble à la construction de communs, en leur offrant un cadre et les moyens de l'expérimenter? Hervé Defalvard regrette que la loi de 2014 sur l'ESS reste silencieuse sur cet objectif d'une société du commun: « La loi ne dit rien de ce que serait le mode de développement de l'économie sociale et solidaire. [...] C'est donc dans l'après-loi sur l'ESS que nous posons la question de l'hypothèse des communs comme cette nouvelle théorie macrosociale. [...] Cet enjeu concerne particulièrement le rôle des communs par rapport au marché et à l'État.

78. Agnès Thouvenot, « Territoires zéro chômeur: un laboratoire d'emploi », *Revue Projet*, n° 376, 2020.
79. Lors de la journée « La fabrique du consensus » du 23 mai 2017 à l'Assemblée nationale, *op. cit.*

Aujourd'hui, les communs qui se développent, les communs numériques ou les communs sociaux, sont des arrangements très souvent en marge du système dominant, articulés avec l'État et avec le marché tels qu'ils sont. La société du commun, c'est le commun comme principe dominant permettant d'articuler les logiques du marché et de l'État comme devenant satellitaires du commun. C'est un commun européen, mais aussi mondial. On retrouve ici l'attachement à la production institutionnelle. Toutes les institutions qui peuvent faire avancer le progrès social sont bonnes à prendre. Cela traduit une confiance dans les institutions et dans leur évolution. Cela se fait au niveau des territoires. [...] Les Territoires zéro chômeur sont des innovations institutionnelles intéressantes, parce qu'elles permettent à des forces sociales très différentes de converger[80]. » Aux yeux de l'économiste, TZCLD est un indice de la possibilité d'évoluer vers une « ESS en communs » plus intégrale[81].

Quelques signes montrent que l'expérimentation TZCLD est capable de produire des innovations institutionnelles et, précise Daniel Le Guillou, « un droit émergeant des pratiques sociales, contestant le monopole de l'État sur la production du droit. C'est ainsi que, dans le projet TZCLD, le remplacement du mot "chômage" par le concept de privation d'emploi n'est pas qu'une affaire de sémantique. [...] La définition de ce nouveau concept relève non pas d'une entité administrative, mais [du CLE]. De surcroît, la loi d'expérimentation de 2020 vient entériner cette définition, absente de la loi d'expérimentation de 2016. Idem pour la définition des conditions

80. « Quel modèle social pour le XXIe siècle ? Une question abordée du point de vue de l'économie sociale », *Cahier de recherche*, Chaire d'économie sociale et solidaire Upem, 2017.
81. Hervé Defalvard, « La société du commun : quelles (r)évolutions pour l'ESS ? », *Recma*, n° 363, 2022.

de la concurrence qui relève de chaque [CLE][82] ». Deux instances importantes des politiques publiques, la notion de « demandeur d'emploi » et le droit de la concurrence, se sont en effet assouplies depuis 2017 pour faire davantage place aux complexités du réel plutôt qu'aux classifications administratives, dans le but de combattre plus efficacement la privation durable d'emploi.

Donner de nouveaux moyens aux communs sociaux ?

Peut-on aller plus loin dans la création de nouvelles institutions et de nouveaux moyens qui faciliteraient l'évolution des entreprises qui le souhaitent vers une société du commun, chacune restant bien sûr libre de choisir son degré d'implication ?

Pour Hervé Defalvard, il s'agirait par exemple d'associer une « TVA territoriale » à un « droit d'usage de l'entreprise » géré par « une gouvernance territoriale [...] réunissant les représentants des employeurs, des salariés, des banques et aussi des habitants du territoire. Cette gouvernance a pour enjeu de substituer à la gouvernance actuelle des entreprises, fondée sur la valeur actionnariale, une nouvelle gouvernance fondée sur la valeur ajoutée territoriale susceptible de donner lieu à une TVA territoriale, dont le taux serait pour les entreprises proportionnellement inverse à leur valeur ajoutée territoriale[83] ». On retrouve ici des réflexions qui ont conduit, dans l'expérimentation TZCLD, à la conception du comité local pour l'emploi et de la contribution au développement de l'emploi.

Poursuivre la réflexion sur les moyens de mieux soutenir financièrement – y compris par des financements citoyens

82. Daniel Le Guillou, « Comptabilité et communs, l'apport de la méthode Care, un point d'étape », *op. cit.*
83. Hervé Defalvard, « Des communs sociaux à la société du commun », *Recma*, n° 345, juillet 2017.

participatifs – la construction de communs sociaux sur les territoires, c'est aussi offrir une alternative aux propositions d'investisseurs sociaux et d'acteurs de l'ESS marchande dont les valeurs et les modes de gouvernance ne s'apparentent pas à ceux des communs. Rien n'interdit bien sûr à ces acteurs de participer à des projets solidaires sur les territoires, mais sans mélange de genres et hors du champ des communs et des EBE. Certains de ces acteurs semblent pourtant déjà être impliqués dans des projets TZCLD, comme le remarque un rapport réalisé pour le compte du comité scientifique d'évaluation de l'expérimentation[84].

Il est possible d'imaginer de nouveaux financements des communs si l'on raisonne à partir des coûts évités et des gains économiques liés à la satisfaction nouvelle de besoins vitaux (comme l'accès à un emploi décent en CDI) qui, non satisfaits, nécessitent des réparations multiples et coûteuses pour la collectivité. Là encore, l'expérimentation TZCLD fait figure d'innovation, puisqu'elle ne réalise pas seulement une activation des « dépenses passives » que constituent traditionnellement les allocations-chômage et les aides sociales versées aux personnes privées d'emploi. Elle « active » également les coûts des conséquences sociales de cette privation d'emploi (sur le logement, la santé, l'aide à l'enfance...) et les manques à gagner fiscaux et en cotisations sociales qui lui sont liés.

La poursuite de l'expérimentation de 2021 à 2026 et son évaluation permettront de mieux cerner les montants de ces valeurs ajoutées territoriale et nationale, et d'en déduire les contributions financières que les institutions bénéficiaires – collectivités et État – peuvent mettre... en commun dans ce type de projet en dessinant les contours d'une fiscalité des

84. Anne Fretel, Florence Jany-Catrice, Philippe Semenowicz et Sylvain Vatan, « "Territoire zéro chômeur" face à la crise sanitaire », *op. cit.*

communs qui reste à construire, adossée à des indicateurs de pilotage et à une comptabilité des entreprises prenant en compte le capital humain et environnemental.

Ces réflexions seront à croiser avec celles d'acteurs de l'expérimentation qui constatent qu'une partie du temps salarié des EBE n'est financée ni par la contribution au développement de l'emploi (qui finance en quelque sorte le temps passé à « faire entreprise » avec tous sans exclusion au sein de l'EBE) ni par le chiffre d'affaires, mais est utile : temps de formation assurés en interne par l'organisation apprenante qu'est l'EBE, temps passé à incuber des activités nouvelles de l'économie circulaire parfois reprises en partie ou en totalité par d'autres entreprises, etc. De nouvelles sources de financement pourraient être recherchées pour ces activités.

Les projets de l'ESS et de communs rencontrent le plus souvent une limite : comment réussir à associer celles et ceux qui, à cause de la privation d'emploi, sont exclus ou s'excluent parfois eux-mêmes de toute participation ? Or la raison d'être de l'expérimentation TZCLD est précisément d'atteindre et associer les personnes confrontées à la privation durable d'emploi. Certains territoires expérimentaux ont commencé à réfléchir avec les salariés des EBE à la mise en œuvre d'une méthode Care (comptabilité adaptée au renouvellement de l'environnement), qui étend les principes de la comptabilité traditionnelle, laquelle ne connaît que le capital financier, aux capitaux humains et naturels. Plus largement, la seconde phase expérimentale 2021-2026 peut permettre à certains territoires de penser et construire avec tous un commun tel que l'emploi décent en CDI.

CHAPITRE 4
Rendre le travail soutenable pour tous et partout

Peut-on rendre le travail plus accessible et soutenable pour tous et partout, au-delà des seules EBE ? Cette interrogation portée par l'expérimentation TZCLD concerne l'emploi public et privé sur les territoires expérimentaux mais aussi partout dans notre pays. La solution au chômage de longue durée passe notamment par l'amélioration, par tous les employeurs, de la qualité de vie au travail de tous leurs salariés. Il s'agit de réparer la privation durable d'emploi, mais aussi de la prévenir en faisant face, dans tous les milieux de travail, aux phénomènes de perte de sens et de santé au travail. Sans quoi les EBE et les structures de l'insertion par l'activité économique seront des puits sans fond sans cesse alimentés par de nouveaux exclus ou accidentés de l'emploi.

Dans cette perspective d'un système d'emploi plus vertueux, les TZCLD deviendraient des territoires où tous les acteurs socio-économiques volontaires, et pas seulement les EBE, œuvreraient pour proposer des emplois décents. C'est le sens du principe d'« exhaustivité de territoire » (capacité du territoire à proposer un emploi décent à tout habitant privé durablement d'emploi et volontaire dans un délai raisonnable et selon des règles transparentes) que l'association TZCLD met en avant dans la phase 2021-2026 (avec différentes interprétations possibles – voir le chapitre 6). Pour que ce soit possible, l'expérimentation doit permettre à d'autres acteurs que les EBE de se saisir de modes d'organisation du travail plus inclusifs. Cette démarche rejoindrait les préoccupations des divers acteurs privés et publics[85] qui, depuis de nombreuses années, militent pour le travail soutenable et pour faire reconnaître que la notion de performance économique n'est acceptable et durable que si elle comprend des dimensions sociale et environnementale.

Une crise de l'emploi, mais aussi du travail

C'est d'autant plus important que nous nous trouvons non seulement face à un chômage très élevé, mais aussi face à une précarisation croissante de celles et ceux qui sont en emploi, dont une partie est constituée des travailleurs à temps partiel des catégories B et C de Pôle Emploi (personnes qui travaillent respectivement moins et plus de 78 heures par mois mais sont toujours à la recherche d'un autre emploi). Ceux-ci représentaient en 1996 19 % du total des demandeurs d'emploi (soit 600 000 personnes) et 40 % en 2018 (2,2 millions de personnes). Il faut aussi prendre en compte la part des salariés à temps plein, dans le secteur public ou privé, mais qui se trouvent en souffrance physique et/ou psychologique au travail.

« Nous vivons une double crise, explique la sociologue Dominique Méda. Une crise de l'emploi, dont témoigne un taux de chômage très élevé depuis plus de trente ans avec un nombre de chômeurs de longue durée de plus en plus inquiétant, et une crise du travail, moins commentée, qui se manifeste par une grande médiocrité des conditions de travail, une proportion élevée de personnes touchées par le

85. Voir par exemple « RSE et performance globale : mesures et évaluations. État des lieux des pratiques », France Stratégie, novembre 2019. Ce document évoque la comptabilité environnementale, dont nous reparlerons.

stress ou le burn-out, une perte de sens du travail. [...] La crise de l'emploi est telle qu'il semble tabou d'évoquer celle du travail : la dureté de ses conditions, le sens que l'on peine à y trouver[86]. »

« Il y a aujourd'hui des indicateurs très forts de perte de soutenabilité de beaucoup d'emplois », confirme la psychologue du travail Dominique Lhuilier en décembre 2021 au Réseau emploi-formation d'ATD Quart Monde. Un travail soutenable ne doit pas altérer la santé (même dans un temps différé, plusieurs mois ou années après la période d'emploi). Il doit se relier à des valeurs importantes pour la personne (par exemple, la soutenabilité écologique de ce que l'on produit), respecter la diversité entre les personnes, ne pas exclure ceux qui rencontrent des difficultés, permettre des marges de liberté dans le rythme de travail, les manières de faire et de coopérer avec d'autres, proposer des conditions d'exercice et une sécurité socio-économique satisfaisantes.

Des indicateurs de cette perte de soutenabilité sont observables :

– Pôle emploi voit arriver de plus en plus de personnes licenciées en raison d'une inaptitude de santé, alors qu'en cas d'inaptitude l'employeur doit prioritairement essayer de reclasser la personne. Le rapport de l'Igas de 2017, « La prévention de la désinsertion professionnelle des salariés malades ou handicapés », indique ainsi une augmentation chaque année du nombre de personnes inscrites à Pôle emploi à la suite d'un licenciement pour inaptitude médicale (en 2015, la loi travail a modifié assez profondément le licenciement pour inaptitude et il devient difficile de comparer, dès lors, avec les années précédentes).

86. Dominique Méda, « Repenser le travail et l'emploi par l'écologie », *Revue Projet*, n° 361, 2017.

– Les seniors sont de plus en plus nombreux à se trouver au chômage à partir de 55 ans, ou même 50 ans[87].

– Les arrêts longue et très longue maladie sont en hausse dans la fonction publique (les arrêts maladie y ont augmenté de 21 % entre 2014 et 2019)[88].

– Les burn-out et autres troubles psychosociaux sont en nombre croissant[89].

France Télécom (aujourd'hui Orange) a été condamnée en 2019 pour « harcèlement moral institutionnel », révélant que la perte de soutenabilité pouvait résulter d'une politique managériale décidée au plus haut niveau de l'entreprise pour provoquer des départs volontaires de salariés.

La souffrance au travail est un thème depuis longtemps passé sous silence pour différentes raisons qu'analyse Christophe Dejours dans ses travaux. Il y a bien sûr la honte spontanée de protester quand d'autres (les personnes privées d'emploi) sont beaucoup plus mal lotis. En outre, « au-delà de la santé du corps, les préoccupations relatives à la santé mentale, à la souffrance psychique [...], à la crise du sens du travail, non seulement n'ont été ni analysées ni comprises, mais elles ont été le plus souvent rejetées et disqualifiées [par les partis politiques et les syndicats] car toute approche des problèmes psychologiques [...] était entachée d'un péché capital : celui de privilégier la subjectivité individuelle [...] et de nuire à l'action collective[90] ».

Comme le souligne la sociologue Danièle Linhart, « une grande partie de la souffrance des salariés provient de la

87. « Demandeurs d'emploi inscrits à Pôle emploi au 1er trimestre de 2022 », site de Pôle emploi.
88. « La rémunération des agents publics en arrêt maladie », rapport de la Cour des comptes, juin 2021.
89. Dominique Lhuilier, « Le monde du travail fabrique des "rebuts" et s'en moque », *Alternatives économiques*, 29 avril 2019.
90. Christophe Dejours, *Souffrance en France*, *op. cit.*

mise à mal de leur professionnalité par des changements incessants et la généralisation de pratiques gestionnaires inadaptées à leur travail[91] ». « En dépit des discours, l'évolution des modes de management perçue par les salariés va vers plus de hiérarchie, de bureaucratie, de court terme et d'opacité, ajoutent Yves Clot, Jean-Yves Bonnefond, Antoine Bonnemain et Mylène Zittoun. [...] Il existe de bonnes raisons de craindre [...] que [le] mouvement [d'amélioration de la qualité de vie au travail] ne s'enlise dans un *process* intégré et préfabriqué de simple "participation" des salariés ; dans des outils de gestion centralisés, instruments d'une nouvelle normalisation de l'ainsi nommé "dialogue social", et, finalement, dans une simple "activité spécialisée supplémentaire au sein de la division du travail Ressources humaines"[92]. »

Une partie des personnes privées d'emploi qui rejoignent les EBE ont vécu des violences au travail qui ont profondément atteint leur confiance et leurs capacités, parfois dans des secteurs considérés « en tension » – au sens où les projets de recrutement des entreprises y sont bien supérieurs au nombre de candidats à ces emplois, mais aussi au sens de producteurs de tensions chez leurs salariés –, et que, pour cette raison, certains ne veulent plus retrouver.

On constate un écart croissant entre, d'un côté, les attentes des salariés, des chercheurs d'emploi et des jeunes générations, et, de l'autre, des démarches plus ou moins descendantes censées répondre à ces attentes mais qui prennent peu en compte les moins qualifiés et dont les résultats sont limités : « responsabilité sociétale des entreprises », « qualité

91. Danièle Linhart, *La Comédie humaine du travail. De la déshumanisation taylorienne à la sur-humanisation managériale*, *op. cit.*

92. Yves Clot, Jean-Yves Bonnefond, Antoine Bonnemain et Mylène Zittoun, *Le Prix du travail bien fait*, *op. cit.*

de vie au travail», «amélioration continue de la qualité», «management par la qualité totale», indicateurs ESG, «entreprises à mission», «entreprises libérées», «entreprises à impact social», etc.

En outre, la révolution numérique, qui tend à exclure les salariés de certains outils de gestion informatisés, risque encore de modifier l'équilibre du pouvoir et des relations dans les entreprises. L'explosion du télétravail liée à la crise sanitaire due au covid-19 présente ce risque.

L'expérimentation TZCLD peut-elle contribuer à restaurer la place de ceux qui sont ou ont été privés durablement d'emploi? Comment, pour cela, va-t-elle à la rencontre des employeurs privés et publics? Quels porosités et partenariats établit-elle entre ceux-ci et les CLE/EBE? Permettent-ils à ces employeurs de repenser le travail au sein de leurs propres structures?

Une première étape: nouer des relations commerciales entre les EBE et les autres entreprises

Les employeurs privés et publics d'un Territoire zéro chômeur de longue durée font partie des premiers partenaires concernés par l'expérimentation et invités à s'impliquer dans le projet, voire au sein du CLE. Sur un territoire comme celui du quartier Saint-Jean à Villeurbanne, des entreprises locales sont même actionnaires de l'EBE, aux côtés de bailleurs sociaux et de structures de l'insertion par l'activité économique (IAE).

Une première phase de connaissance/reconnaissance mutuelle consiste en cette rencontre de mondes différents qui confronte les visions et les valeurs, et peut permettre par la suite de nouer des relations commerciales.

Les CLE et les EBE ont besoin des autres entreprises (locales ou nationales) pour identifier des activités nouvelles, professionnaliser leurs modes de travail, être soutenus dans la reconnaissance des qualités professionnelles de leurs salariés et permettre à ceux-ci de faire un essai au sein des entreprises locales via des mises à disposition, voire d'y être embauchés.

Les employeurs locaux, de leur côté, peuvent trouver dans les EBE des ressources (savoir-faire, personnes, réseaux) leur permettant de développer des activités et des liens avec le territoire, et de concrétiser leurs responsabilités écologiques et sociales. Ils sont rassurés par la promesse de non-concurrence : les EBE s'engagent à ne pas lancer (ou à arrêter) des activités qui empiéteraient sur celles des acteurs locaux privés ou publics. Les employeurs ont donc intérêt à s'impliquer dans le CLE pour prendre leur part dans les décisions concernant les activités de l'EBE.

Durant la phase 2016-2021 de l'expérimentation, les relations entre acteurs économiques locaux et EBE se sont surtout déployées (de manière inégale sur les territoires) dans six domaines que l'association TZCLD a identifiés au sein d'un groupe de travail, en 2018 et 2019, avec des grandes entreprises :

- le mécénat financier ;
- le mécénat de compétences ;
- le soutien aux EBE en investissement ;
- l'achat de biens ou de prestations aux EBE ;
- le développement de nouvelles offres en s'appuyant sur les EBE ;
- le recrutement de salariés d'EBE.

Plusieurs exemples illustrent ces différents domaines. À Thiers, dans le cadre d'un plan de départs volontaires sur son site de Clermont-Ferrand et d'un fonds de revitalisation, le Groupe Michelin a soutenu la création de plusieurs emplois dans l'EBE.

À Villeurbanne, des prestations de services d'EmerJean pour l'enseigne Leroy Merlin ont été identifiées par les équipes dirigeantes et opérationnelles des deux entreprises : assistance aux clients pour le chargement des produits, mises aux dimensions des rideaux vendus, vente de créations pour bébés et de sacs en toile conçus à EmerJean…

Dans l'EBE Esiam (Entreprise solidaire d'initiative et d'action des Mauléonais), à Mauléon et peu à peu sur d'autres territoires, des partenariats se tissent avec le groupe Saint-Gobain et des entreprises locales pour démanteler les fenêtres et portes usagées ou non commercialisables et en recycler le verre et le PVC.

Sur les TZCLD où l'équipe projet investit dans les relations avec le tissu économique local, peut se créer progressivement, autour de l'objectif de créer des emplois décents en CDI, un réseau plus large qu'un simple club d'entreprises, rassemblant une grande diversité d'acteurs : entreprises, mais aussi personnes privées d'emploi, acteurs de l'IAE et de l'ESS, collectivités, Pôle emploi, Direccte…

À Villeurbanne, le CLE et l'EBE considèrent qu'ils ont trois métiers :

– proposer un CDI décent à celles et ceux qui ont été durablement éloignés de l'emploi sur le territoire et les soutenir en emploi ;

– développer des activités utiles et non concurrentielles ;

– faire entreprise et société ensemble.

Cet « ensemble » concerne aussi bien l'intérieur de l'EBE que son environnement. Le CLE et l'EBE de Villeurbanne ont ainsi « dynamisé les relations entre entreprises du quartier et décloisonné les contacts entre chefs d'entreprise, constate le Labo de l'ESS. [Si les entreprises] se tournent vers EmerJean, c'est beaucoup par prise de conscience de leur responsabilité sociale sur le territoire, comportement auxquels leurs salariés sont sensibles et qu'elles valorisent. EmerJean a bien compris cet enjeu et a entrepris de construire et d'animer un réseau local d'entreprises, les mettant en relation les unes avec les autres, notamment par des petits-déjeuners tous les deux mois et des forums d'échange. Grâce au Territoire zéro chômeur, elles rejoignent un cercle prometteur de nouvelles coopérations[93] ». EmerJean organise aussi des événements réguliers au sein d'entreprises afin de sensibiliser leurs salariés au réemploi des objets et des matériaux.

Renforcement des liens avec le territoire, mais aussi engagements concrets liés à leur responsabilité sociale et écologique, valorisation auprès de leurs salariés, clients et partenaires : voilà les premiers avantages que les employeurs locaux trouvent à travailler en partenariat avec les CLE et EBE.

Le groupe de travail animé par l'association TZCLD avec quelques grandes entreprises s'est interrompu fin 2019, alors qu'il projetait d'explorer « des possibilités de coopération pour faire évoluer des *process* de travail internes à l'entreprise[94] ». Il est vrai que les entreprises y participant s'étaient davantage exprimées sur des collaborations avec les EBE au niveau financier ou commercial qu'au niveau du management et des modes de travail en interne. Ce groupe a été relancé en 2022.

93. « Territoire zéro chômeur de Villeurbanne, une expérimentation territoriale visant à mettre fin à la privation d'emploi », Labo de l'ESS, janvier 2019.
94. « La RSE au cœur du projet », compte rendu des échanges, TZCLD, 28 novembre 2018.

Une deuxième étape : s'acculturer réciproquement

En embauchant en CDI, à temps choisi, au Smic et sans sélection, les EBE modifient les équilibres du marché de l'emploi local. Sur les dix premiers territoires expérimentaux, elles sont devenues l'un des principaux employeurs et constituent un modèle alternatif visible qui peut amener les autres entreprises à questionner leurs pratiques et à les faire évoluer.

Sur le territoire de Lille Métropole, la principale EBE regroupe en 2019 plus de cent cinquante salariés, ce qui en fait, à Loos, quasiment le plus gros employeur du territoire et lui confère ainsi un pouvoir de régulation, du moins pour les emplois rémunérés au Smic. Un acteur national de l'expérimentation explique : « Si vous êtes employeur sur un territoire où il y a une entreprise EBE où les salariés sont payés au Smic, dans une bonne ambiance de travail, vous avez besoin que vos salariés aussi soient heureux. Parce que, s'ils ne le sont pas, ils vont se dire "je démissionne et dans un an je me fais recruter dans l'EBE"... [...] Forcément, l'entreprise va devoir elle-même évoluer. Il y en a déjà certaines où les dirigeants sont très bien. Ils n'ont pas beaucoup de difficultés. En revanche, il y a quand même pas mal de boîtes en France où le travail aujourd'hui... c'est assez raide. Ces gens-là vont devoir forcément évoluer[95]. »

L'EBE est également un modèle qui réinstaure un cadre de travail avec des sécurités minimales, là où la tendance générale est, pour beaucoup d'activités de services, une injonction au travail indépendant et souvent précaire : « L'originalité de l'expérimentation TZCLD [est de] partir des compétences des

95. Anne Fretel, Florence Jany-Catrice, Philippe Semenowicz et Sylvain Vatan, « "Territoire zéro chômeur" face à la crise sanitaire », *op. cit.*

personnes, de les embaucher sans sélection, d'approcher de manière territoriale les besoins du territoire. De fait, l'activité est interstitielle [c'est-à-dire non proposée par le secteur marchand] et les salariés polyvalents. Cela nécessite une organisation complexe pour garantir des conditions de travail dignes et répondre aux exigences des clients [dans] une sorte de contre-Uber territorial, avec une protection salariale et un cadre de travail collectif[96]. »

Sur les Territoires zéro chômeur de longue durée, les entreprises locales sont indirectement incitées, par les liens qu'elles développent avec l'équipe projet et les EBE, à embaucher en faisant moins de « tri par le haut » et à assurer à leurs employés des conditions salariales et de travail « minimum ». Dans quelle mesure désirent-elles réfléchir à leur fonctionnement interne à l'aune de ce que les EBE expérimentent ? Que peuvent proposer dans ce sens les CLE et les EBE, l'association nationale TZCLD et ses partenaires : ATD Quart Monde, Secours catholique-Caritas France, Emmaüs, la Fédération des acteurs de la solidarité, le Pacte civique, etc. ?

Diffuser les cultures et modes d'action de l'expérimentation auprès d'employeurs volontaires – qu'ils se côtoient localement ou non – est un nouveau défi de la phase 2021-2026. Pour cela, il faut que ces employeurs considèrent les EBE non pas seulement comme des structures atypiques et spécialisées avec qui développer des partenariats commerciaux (auquel cas « l'utilité du projet prend alors le risque d'être réduite à s'apparenter à une utilité pour les entreprises du territoire, et non pas à une utilité pour les habitants[97] »), mais aussi comme des lieux expérimentant des savoir-faire nouveaux et transférables, dont ils ont à apprendre et qui peuvent les

96. Agnès Thouvenot, « Territoires zéro chômeur : un laboratoire d'emploi », *op. cit.*
97. Anne Fretel, Florence Jany-Catrice, Philippe Semenowicz et Sylvain Vatan, « "Territoire zéro chômeur" face à la crise sanitaire », *op. cit.*

aider à progresser. Il faut également que les CLE et les EBE souhaitent ces transferts de savoir-faire et aient le temps et les compétences nécessaires pour les accompagner.

Le changement de paradigme n'est pas évident, tant les visions de l'entreprise et du marché de l'emploi sont contrastées chez les acteurs et les partenaires de l'expérimentation – y compris au sein des CLE, des EBE et parmi les acteurs nationaux du projet – et tant les formations au management sont considérées d'ordinaire comme affaire de spécialistes dont sont exclus les salariés eux-mêmes et à plus forte raison les personnes privées durablement d'emploi.

Entrer dans des logiques collectives

Pour Stéphane Bellini, enseignant-chercheur à l'École universitaire de management de Poitiers et spécialiste de la coopération au travail et du rôle des managers, la manière dont l'expérimentation TZCLD inverse les logiques habituelles – en faisant de l'emploi une finalité et non un moyen, en embauchant sans sélection et à temps choisi, en accompagnant chaque salarié afin qu'il développe de nouveaux savoir-faire « grâce à une confiance en soi et en l'autre retrouvée[98] », etc. – invite à remettre en cause certaines certitudes managériales.

Selon le chercheur, « les EBE n'ont d'autres choix que de miser sur le potentiel de leurs salariés ». Il relève avec intérêt la manière dont l'EBE permet à des profils très différents de réussir à un même poste, et dont, avec l'équipe projet, elle repère le potentiel et les compétences des salariés « y compris quand ils n'en ont pas conscience » à partir de leurs activités personnelles ou associatives. Il souligne

98. Stéphane Bellini, « Quand les Territoires zéro chômeur de longue durée interpellent la gestion des ressources humaines », *Liaisons sociales*, n° 213, juin 2020.

aussi comment cette connaissance des personnes contribue à définir les activités de l'EBE. « Le fonctionnement des EBE sort le développement des compétences d'une logique exclusivement individualisante puisqu'elle accorde une importance cruciale à l'accompagnement dans l'emploi, au soutien tant institutionnel que collectif. Il s'agit de penser une structure accompagnante dans l'intégralité de son fonctionnement et dans les relations de travail. »

Le travail est de moins en moins soutenable, du fait de son intensification, de sa complexification et de son individualisation croissantes depuis de nombreuses années, avec souvent une mise en concurrence des salariés. L'expérimentation TZCLD remet justement le collectif au centre du travail en faisant de la question « comment travailler ? » une préoccupation commune. Dans une EBE, on essaie de penser le travail collectivement, salariés, encadrants et direction, sans qu'il y ait d'un côté ceux qui pensent et de l'autre ceux qui exécutent. Cela permet de dépasser certaines limites des formations traditionnelles au management. Dominique Lhuilier explique que ces dernières « passent souvent à côté de la question du travail, car elles abordent le management par l'aspect relationnel : "Comment être avec ses subordonnés ?" Mais la question est plutôt "comment *faire* avec ?" C'est la question du travail réel. Or les managers sont de plus en plus éloignés du travail réel[99] ». Préoccupation à laquelle répond un directeur d'EBE lorsqu'il explique qu'il essaie d'organiser un « management très inclusif qui soit dans le "faire avec", plutôt que dans le "faire faire" ou le "faire à la place"[100] ». Dans cet esprit, la direction de cette EBE a rédigé les fiches

99. Intervention lors de la rencontre du 11 décembre 2021 sur le travail soutenable, organisée par le réseau Emploi-Formation d'ATD Quart Monde.
100. Pierre-Marie Hello, Ghislain De Muynck et Pierre-Antoine Béraud, « Le management inclusif », *Revue Quart Monde*, n° 261, 2022.

de poste de l'encadrement intermédiaire avec les salariés eux-mêmes.

Le projet fixe des objectifs inédits pour des acteurs économiques :

– imaginer des activités nouvelles non concurrentielles ;

– proposer un emploi à toute personne qui en est durablement privée (ce qui impose aux EBE des croissances d'effectifs comparables à celles de start-up) ;

– soutenir ensuite chaque personne le mieux possible ;

– faire que les préférences (liées par exemple aux temps choisis par les salariés) et compétences personnelles de chacun puissent s'agréger et consolider un projet collectif.

Les EBE doivent pour cela importer, adapter ou inventer des méthodes de management – avec des moyens insuffisants (la « contribution au développement de l'emploi » apportée aux EBE ne s'applique aux postes d'encadrement et de direction que depuis le décret du 22 décembre 2021) et des résultats variés durant la première phase de l'expérimentation. Elles mobilisent dans ce sens les compétences des membres de l'équipe projet – salariés ou bénévoles – et des salariés de l'EBE, qu'ils appartiennent aux équipes de production, d'encadrement ou de direction. Les modes de travail élaborés dans ces conditions pourraient se révéler plus soutenables que ceux pensés exclusivement par des spécialistes du management.

Le psychosociologue Pierre Kirgo a étudié en 2020 les dynamiques individuelles et collectives dans trois EBE à Prémery, Thiers et Villeurbanne. Sans faire l'impasse sur certaines difficultés qu'elles rencontrent, il y a observé plusieurs signes d'un travail soutenable[101] :

101. Pierre Kirgo, « Mission de diagnostic des enjeux humains et managériaux des EBE. Comment mieux accompagner la dynamique sociale au sein des EBE ? », 2020.

– une forte entraide entre salariés dans plusieurs activités ;

– des moments de convivialité fréquents ;

– une fierté d'appartenir à l'EBE ;

– une relativement bonne adaptation des salariés aux activités.

Selon le psychosociologue, au-delà de fournir un emploi, les EBE constituent un lieu pour que les salariés soient considérés comme « sujets », recréent des liens équilibrés (à travers le don et le contre-don), fassent l'expérience d'un cadre de travail et d'une forme d'autonomie dans ce cadre et expérimentent une vie de groupe où la singularité peut coexister avec le collectif.

Pierre Kirgo identifie plusieurs facteurs favorisant la santé au travail dans les EBE, et qui sont ou pourraient être appliqués à d'autres milieux de travail :

– l'accès à un CDI, qui autorise une autonomie financière et un changement de vie (les salaires étant limités au Smic, l'expérimentation pose cependant la question du bas montant de ce salaire minimum qui, au regard de l'augmentation continue des dépenses contraintes des ménages depuis de nombreuses années, ne permet plus d'accéder à une vie décente, comme l'ont montré les travaux de l'ONPES et de l'Ires sur les budgets de référence) ;

– le fonctionnement en équipes de travail ;

– la non-discrimination ;

– l'adaptation du travail aux contraintes des salariés, y compris personnelles ;

– la primauté donnée à la qualité de vie au travail et à la capacité d'intégration plutôt qu'à la productivité ;

– la professionnalisation et la montée en compétences des salariés, d'autant plus que les EBE qui ont atteint une certaine taille permettent une mobilité interne : à Actypoles-Thiers, par exemple, 30 % des salariés ont changé d'activité au moins une fois entre leur embauche et 2022 ;

– des liens forts de confiance avec la hiérarchie ;

– une forte personnalisation des relations ;

– l'existence de liens extraprofessionnels entre salariés en plus des liens professionnels.

Autant de défis très ambitieux pour des EBE dont, rappelons-le, les salariés ont été victimes de la privation durable d'emploi. Défis qui pourraient aussi être relevés avec profit par d'autres structures employeuses dont les salariés n'ont pas le même parcours.

L'une des missions de la chaire « vivre-ensemble » de la Fondation Rennes-1, financée par des entreprises et collectivités territoriales conscientes de l'importance de ces défis, est de venir en appui aux employeurs qui souhaitent les relever. Elle réalise des travaux de recherche sur le sujet et s'est interrogée en 2020 sur le vivre-ensemble au travail à partir d'une étude qualitative réalisée auprès de quarante-huit salariés peu qualifiés[102]. Ses conclusions sur les conditions d'une cohabitation harmonieuse rejoignent en grande partie celles de Pierre Kirgo. Elle en retient principalement cinq :

– l'acceptation des différences, garante du respect de tous par tous ;

– la reconnaissance de chaque salarié dans sa globalité (en tant que travailleur et comme personne) ;

– la convivialité, source d'échanges précieux au sein de l'entreprise ;

– l'autonomie construite sur une mise en confiance du salarié ;

– la préoccupation de l'entreprise vis-à-vis des difficultés logistiques personnelles du salarié.

102. « Le "vivre-ensemble" vu par les salariés », Fondation Rennes-1.

De manière analogue à la pyramide de Maslow, cette étude met en évidence une « construction pyramidale permettant de travailler ensemble puis de partager ensemble » qu'elle illustre par cet exemple : « Rien ne sert d'organiser des repas ou d'installer un baby-foot si, à la base, l'entreprise ne respecte pas chaque salarié dans ses différences et ne lui témoigne pas de la considération en tant que travailleur et en tant que personne. »

Réhumaniser et partager l'enjeu de la soutenabilité du travail

Dans les EBE et les CLE (où les salariés des EBE sont représentés), l'embauche sans sélection, la soutenabilité du travail, le soutien en emploi et la montée en compétences des salariés sont, en principe, des enjeux partagés collectivement, et non l'objet de dispositifs individualisés ou informatisés qui peuvent déshumaniser. Danièle Linhart évoque le risque que des « dispositifs gestionnaires basés sur l'informatique [aient] une double fonctionnalité, celle d'écraser les métiers et l'expérience, mais aussi celle, pédagogique, didactique, de faire passer de nouvelles valeurs [...] contraires [à celles des salariés] et, pire encore, [qui] piétinent ce qu'ils sont, leur identité, leur morale, leur professionnalité[103] ».

Cette attention à la juste place du *reporting* à destination du Fonds d'expérimentation TZCLD est évoquée par certains acteurs des territoires : « Les exigences de *reporting* se font de plus en plus pressantes et sont vécues comme une remise en cause de l'identité même du projet. [...] [Cela risque de produire] une fragilisation des liens de confiance entre le projet métropolitain et le Fonds territorial au niveau

103. Danièle Linhart, *La Comédie humaine du travail*, *op. cit.*

national [...]. Le temps long de la recherche et développement et des innovations sociales qui fonde le caractère inédit du projet TZCLD n'est pas compatible avec l'urgence d'une reddition immédiate de comptes qui viserait à devoir déjà fournir des indicateurs de performance du projet [...]. En déployant la carte du *reporting*, on assiste non seulement à une bureaucratisation de l'ensemble du projet, à une dégradation des liens de confiance engagés avec la personne privée d'emploi, mais aussi à un risque évident de réindividualisation des parcours[104]. »

« Dans une EBE, c'est tout le monde qui est aux relations humaines ! » estime Jean-Michel Libion, salarié de la Fabrique à Colombey-les-Belles, lors d'une rencontre avec ATD Quart Monde le 18 mars 2022. Ghislain De Muynck, directeur de l'EBE La Fabrique de l'emploi à Tourcoing/Loos, explique ainsi : « Nous cherchons à impliquer le maximum de salariés sur beaucoup de sujets : stratégie, organisation du travail, qualité de vie au travail, activités à développer. Cette participation est une richesse qui nourrit les décisions de l'entreprise. Certains acteurs économiques du territoire reconnaissent qu'en donnant une place à chacun l'EBE réalise quelque chose d'essentiel qu'ils n'arrivent pas à faire. Pour eux, la Fabrique de l'emploi et d'autres ouvrent la voie d'entreprises à mission qui considèrent leur capital humain comme une richesse et non juste comme un outil de travail. Cette reconnaissance nous donne une légitimité pour dire quelque chose au monde économique[105]. »

Coconstruire le cadre de travail avec les salariés favorise son acceptation et apporte de nouvelles dimensions

---

104. Anne Fretel, Florence Jany-Catrice, Philippe Semenowicz et Sylvain Vatan, « "Territoire zéro chômeur" face à la crise sanitaire », *op. cit.*
105. Pierre-Marie Hello, Ghislain De Muynck et Pierre-Antoine Béraud, « Le management inclusif », *op. cit.*

aux relations hiérarchiques : on les accepte d'autant mieux qu'elles s'inscrivent dans un cadre collectif que l'on participe à construire. « Plus la subordination est individualisée et personnalisée, plus elle est difficile à supporter, analyse Danièle Linhart. Les chefs d'entreprise les plus éclairés ont conscience des limites des méthodes managériales actuelles, qui s'avèrent inefficaces pour assurer la performance des entreprises françaises face à la concurrence. Celles-ci ne peuvent en aucune façon prétendre gagner la compétition par les coûts : elles ne feront jamais mieux que les entreprises des pays en développement à bas coût de main-d'œuvre. Elles doivent par conséquent miser sur la qualité de l'engagement des salariés, leur intelligence et leur expérience collective, leur force de proposition pour améliorer les modalités de travail, pour donner toute sa place au renouvellement des idées et des produits, pour satisfaire de façon plus authentique les besoins des consommateurs et intégrer d'autres impératifs que ceux de la rentabilité à court terme[106]. »

Stéphane Bellini note, dans les entreprises à but d'emploi, « une faible sophistication de l'instrumentalisation de la gestion des compétences (pas de système d'information global par exemple) et, inversement, un fort attachement à la valorisation des réussites et à l'encouragement du déploiement du potentiel de chacun. Ce faisant, les EBE nous rappellent que les mots sont des outils de gestion des ressources humaines aussi voire plus puissants que des applications numériques. »

Les EBE expérimentent des méthodes originales de production et de participation de tous à la vie de l'entreprise, en même temps qu'elles mettent en œuvre les instances légales de représentation des salariés telles que le comité social et

106. Danièle Linhart, « Imaginer un salariat sans subordination », *Le Monde diplomatique*, juillet 2017.

économique (CSE). Les unes et les autres sont nécessaires et se renforcent mutuellement, le CSE ne suffisant pas à couvrir le besoin de participation de chaque salarié et l'étendue des niveaux et sujets où la réflexion collective peut contribuer utilement à la soutenabilité du travail. Dans certaines EBE particulièrement attentives à ce que chacun puisse contribuer à la vie de l'entreprise, on observe une participation importante des salariés aux élections du CSE (80 % en 2021 à EmerJean).

À Actypoles-Thiers, trois niveaux hiérarchiques ont été mis en œuvre à partir d'une réflexion avec les salariés : le directeur, les coordinateurs d'activités et les référents d'activités (ces derniers, comme les salariés, étant des personnes issues de la privation durable d'emploi).

À Villeurbanne, trois espaces de participation des salariés ont été mis en place au sein d'EmerJean : la réunion mensuelle de coordination entre direction et salariés (avec deux représentants des salariés pour chacune des huit équipes d'activité, désignés par une élection sans candidat pour éviter que certains « prennent le pouvoir ») ; les « points 30 », réunions hebdomadaires d'une demi-heure en équipe d'activité pour aborder les questions de fonctionnement ; les réunions hebdomadaires des équipes de soutien, chaque salarié faisant partie de l'une d'entre elles : « On se retrouve le lundi à une dizaine de salariés qui sont sur des activités différentes pour faire un résumé de la semaine passée. On parle de son activité, on dit comment on s'est senti de manière globale, mais on n'entre pas dans les détails[107]. » Les salariés échangent entre eux et remontent ensuite les questions qu'ils ont identifiées.

107. Elvisa, Hanifa, Zaccaria, Thaouès, Sarah, Sami, Hafida, Kadiatou, Amélie, Sonia, Wifag et Naïma, « L'inclusion dans l'emploi », *op. cit.*

Dans plusieurs EBE, l'entraide entre salariés participe activement à la soutenabilité du travail pour tous. Plusieurs exemples existent de soutiens bienveillants apportés par des salariés à d'autres en grande difficulté, qui ont évité à ces derniers de quitter l'EBE prématurément. Cette entraide est d'autant plus importante et exigeante que les EBE sont des entreprises très particulières dans la mesure où elles doivent accueillir en permanence de nouveaux salariés parfois très fragilisés par leur vécu.

Ce qu'expérimentent le CLE et les EBE d'un Territoire zéro chômeur de longue durée est bien sûr le fait de garantir que toute personne qui en est privée durablement puisse accéder à un emploi décent en CDI. Mais c'est aussi, et surtout, le fait que chaque salarié d'une EBE puisse tenir dans l'emploi et, au-delà, progresser dans ses capacités de faire et d'effectuer des choix, pour lui-même, son entourage et pour la société plus largement.

« Un terme m'habite depuis des années : l'écrémage, témoigne Paul Bruyelles, directeur d'EmerJean. Dans une EBE, il est très facile d'exclure [un salarié en difficulté]. Cela se joue quotidiennement. Plutôt que de se demander "Untel peut-il entrer dans le projet et y rester ?", la question est : "Quels sont les moyens que l'on se donne pour lui laisser une place ?" L'expérience qu'on a est que la fragilité est génératrice de chiffre d'affaires et de productivité. Tout est lié. Le chiffre d'affaires, on le crée avec les différences, en le vivant au quotidien avec les salariés[108]. »

Une salariée d'EmerJean témoigne : « J'étais depuis plus de cinq ans éloignée de l'emploi. Ça a été difficile de venir ici. Maintenant, je cible les personnes qui ont du mal à s'intégrer.

108. Rencontre organisée par la Fondation pour le progrès de l'Homme à EmerJean le 18 novembre 2021.

Je me vois en elles. Je les prends sous mon aile pour qu'elles ne se sentent pas invisibles.» Une autre salariée explique: «Quand on est arrivés, on nous a parlé du "colibri", un salarié qui est volontaire pendant deux mois pour être là pour nous, pour nous guider dans l'entreprise. Je me suis dit qu'en cas de conflit, je n'avais pas besoin de ruminer en rentrant chez moi. Je savais que je pouvais en parler [au " facilitateur travailler ensemble" d'EmerJean], à mon chef, à mon "colibri", et qu'on pouvait trouver une solution. [...] C'est ce qui m'a permis de ne pas aller à la confrontation quand une salariée m'a agressée. J'en ai parlé à mon chef, on a eu une discussion tous les trois et ça a crevé l'abcès. Juste après, on a renoué[109].»

«Il y a un travail de santé à faire dans l'entreprise, explique Dominique Lhuilier, mais, pour qu'il soit durable et efficace, il doit se faire avec les autres. La construction de la compatibilité entre les exigences liées à l'état de santé et celles liées au travail doit se fabriquer collectivement[110]», de manière à trouver collectivement une répartition des charges de travail équitable et supportable pour tous dans l'équipe.

«Quand un salarié fait du soutien au "travailler ensemble", c'est aussi une montée en compétences pour lui, explique Paul Bruyelles. Notre défi, dans les prochains mois, est de mieux valoriser les compétences acquises par les salariés sur le plan technique et aussi sur le plan des compétences transversales identifiées par Pôle emploi que les salariés d'EmerJean développent en particulier au sein des équipes de soutien[111].»

À EmerJean, un outil d'évaluation des compétences a été construit avec les salariés: chacune est détaillée en quatre

109. Elvisa, Hanifa, Zaccaria, Thaouès, Sarah, Sami, Hafida, Kadiatou, Amélie, Sonia, Wifag et Naïma, «L'inclusion dans l'emploi», *op. cit.*
110. Rencontre du 11 décembre 2021 sur le travail soutenable organisée par le réseau Emploi-Formation d'ATD Quart Monde.
111. Rencontre organisée par la Fondation pour le progrès de l'homme à EmerJean le 18 novembre 2021.

pas, non pas dans une logique de notation, mais de progression : pour faire le pas suivant, il faut avoir fait les pas précédents. On peut vouloir faire le pas suivant (parce que c'est nécessaire pour son travail ou parce que c'est une envie personnelle) ou ne pas le souhaiter (parce qu'on a atteint le niveau requis pour son travail et qu'on s'en satisfait). Il est important que les personnes elles-mêmes puissent auto-évaluer leurs compétences, plutôt que d'être évaluées « de l'extérieur », dans le cadre d'un diagnostic professionnel. Les réflexions autour des compétences transversales font bouger à la fois l'employabilité des salariés et l'employeurabilité des dirigeants[112].

Comment procéder ?

À chaque employeur public ou privé de mettre en œuvre, selon le contexte dans lequel il exerce son activité, des conditions de travail qui permettront d'améliorer la soutenabilité du travail. On l'a vu, cela ne se réduit pas à la question salariale, mais concerne également les modes d'embauche, de management et d'organisation du travail ainsi que la culture d'entreprise[113].

Parfois, c'est aussi le fait d'accueillir dans une équipe des personnes fragilisées par leur vécu ou leur situation qui donne l'occasion à une entreprise de repenser la manière d'organiser le travail et de mettre en débat sa culture afin que chacun y trouve sa place. Pierre-Marie Hello, chargé de la RSE au magasin Leroy-Merlin de Grand Parilly à Vénissieux, expliquait début 2022 que « les entreprises trient au moment

112. Pauline Beaudet et Annaïg Abjean, « Ce que nous avons appris en travaillant sur les compétences transversales », *op. cit.*
113. « L'index Ikigaï sur la qualité de l'"employeurabilité", l'attractivité des entreprises », Pacte civique, 9 novembre 2020.

du recrutement puis dépensent de l'énergie pour rattraper ce tri en embauchant des personnes en situation de handicap ou des seniors... Comment traiter cette question dès le départ, au niveau du recrutement ? [...] On ne va pas chercher toute la population là où elle est, avec sa richesse. [...] Faire une place à tout le monde dans l'entreprise est un vrai challenge, mais il y a des bénéfices : la fierté, mais aussi la confiance. Pour les collaborateurs, si l'entreprise est juste dans sa composition en cherchant à être le reflet de la société, elle le sera sur d'autres sujets. Les salariés ne sont pas toujours d'accord avec les décisions, mais l'échange est plus facile s'ils savent que l'entreprise est responsable et joue son rôle[114] ».

Chantal Richard, secrétaire confédérale CFDT en charge des questions de pauvreté, de chômage et d'insertion, renchérit : « On entend trop peu le témoignage [des entreprises] qui ont embauché des personnes durablement privées d'emploi passées ou non par les EBE : est-ce qu'elles ont adapté leurs postes de travail ? Est-ce qu'elles ont mis en place un accompagnement particulier ? Qu'est-ce que ça a changé pour leurs salariés ? [...] Lorsqu'une personne qui a galéré arrive dans l'entreprise, c'est un bol d'air, ça peut changer l'état d'esprit. J'aimerais que le projet TZCLD aide les organisations patronales à prendre conscience qu'embaucher des personnes plus éloignées de l'emploi, même si elles ne sont pas immédiatement productives, peut faire progresser l'entreprise au bénéfice de tous[115]. »

Dans les années 1980-1990, Tefal a été la première grande entreprise française à prouver qu'il était possible pour un employeur « traditionnel » d'agir contre l'exclusion

114. Pierre-Marie Hello, Ghislain De Muynck et Pierre-Antoine Béraud, « Le management inclusif », *op. cit.*
115. Chantal Richard, « Le regard d'une syndicaliste », *Revue Quart Monde*, n° 261, 2022.

en améliorant son employeurabilité, même dans un contexte très concurrentiel[116]. Cela a été rendu possible par l'engagement de la direction et de salariés, et par l'intégration de personnes ayant connu le chômage de longue durée, dans le cadre d'un parcours de qualification expérimental.

En 2010, dans le service qualité après-vente de Tefal, a été instauré un point hebdomadaire d'une heure qui comporte trois rubriques : la sécurité, le planning des actions et l'ambiance. Les trois quarts de ce temps sont consacrés à la mesure de l'indicateur d'ambiance. À tour de rôle, chaque personne du service note à l'aide de smileys sa semaine sur plusieurs critères : qu'est-ce que j'ai appris ? Qu'est-ce que j'ai transmis ? Est-ce que je me suis senti soutenu ? Qu'est-ce que j'ai aimé faire ? Quel projet me tient à cœur ? Puis chacun résume sa perception de la semaine en un mot. L'équipe choisit ensuite le mot de la semaine parmi ceux cités. D'autres grandes entreprises ont eu, dans les années 1990, ces mêmes prises de conscience, mais n'ont pas trouvé de réels moyens pour les traduire en actes.

Les conditions pour proposer à tous un emploi décent en CDI

La pandémie que nous vivons depuis 2020 et la pénurie relative de main-d'œuvre qui se dessine depuis dans des secteurs où l'emploi est moins soutenable (le bâtiment, les commerces, la restauration, certains services publics, etc.) vont-elles inciter les employeurs concernés à améliorer la qualité de vie au travail ? Pour cela, il faut que les employeurs et les salariés le veuillent et le puissent : qu'ils aient du temps, des compétences, des moyens financiers, des indicateurs de

116. Xavier Godinot (dir.), *On voudrait connaître le secret du travail*, *op. cit.*

pilotage et des outils comptables qui ne soient pas uniquement économiques, mais aussi sociaux et environnementaux. La phase d'expérimentation 2021-2026 devrait permettre d'avancer dans la définition de tels outils, plus adaptés à l'objectif de proposer à tous un emploi décent en CDI.

Pendant la première phase, de 2016 à 2021, plusieurs TZCLD ont commencé à expérimenter de nouveaux indicateurs de pilotage et d'évaluation[117]. Ceux-ci sont au nombre de dix, regroupés en trois thématiques :

Créer des emplois de qualité en fonction des besoins du territoire

- Participer à l'atteinte de l'exhaustivité sur le territoire/embaucher
- Développer les compétences des salariés
- Permettre l'évolution interne et externe des salariés

Développer des activités, garantir la supplémentarité et l'utilité territoriale

- Organiser et commercialiser les activités
- Veiller à la non-concurrence et à l'utilité territoriale
- Construire un modèle économique équilibré

Travailler ensemble, faire entreprise

- Développer une capacité inclusive de l'EBE
- Assurer la qualité de vie au travail
- Permettre la participation des salariés
- Organiser le dialogue social

117. « Pilotage et financement des EBE », 13 janvier 2021 ; Daniel Le Guillou et Denis Prost, *Zéro chômeur. Mobilisez votre territoire pour l'emploi !*, éd. Quart Monde/L'Atelier, 2022. Ces nouveaux indicateurs n'ont pas été déployés par le Fonds ETCLD sur les territoires pendant la première phase, mais trois territoires ont pris l'initiative de les mettre en place dans leurs EBE.

Cette démarche autour de nouveaux indicateurs rejoint des propositions plus anciennes en faveur d'une comptabilité qui prenne en considération la soutenabilité du travail pour les personnes et pour la planète (telle la méthode Care), dans le cadre de réflexions plus larges sur les indicateurs de richesse d'un territoire (voir chapitre 6).

L'originalité de ces indicateurs est qu'ils sont élaborés et expérimentés de manière ascendante, au sein des CLE et des EBE, et avec des personnes connaissant ou ayant connu la privation durable d'emploi, dans une démarche originale qui les associe comme co-chercheurs. Ces indicateurs rejoignent dans l'esprit les dispositions de la loi Pacte de 2019 concernant la possibilité, pour les entreprises, de se doter d'une « raison d'être » et d'acquérir la qualité juridique de « société à mission » – mais dans l'esprit seulement, car il faudrait doter les entreprises d'une gouvernance et d'une comptabilité modifiées pour une réelle mise en œuvre de ces indicateurs.

Dans quelle mesure d'autres employeurs privés ou publics pourraient-ils s'en saisir ? Est-ce que des moyens humains et financiers adaptés à cet objectif d'assurer à tous un emploi soutenable pourraient les y encourager ? Par exemple, un soutien financier de l'État et des collectivités territoriales inspiré de la contribution au développement de l'emploi dont les EBE bénéficient ?

CHAPITRE 5
De nouveaux points d'appui pour les politiques publiques ?

TZCLD présente la particularité d'être une initiative citoyenne qui est entrée d'emblée dans un dialogue avec l'État et les collectivités territoriales, car il a fallu passer par la loi en 2016 pour avoir le droit d'expérimenter sur les premiers territoires. C'est une des expérimentations les plus évaluées et scrutées par l'État, aussi bien sur ses impacts et ses conditions de réussite que sur la manière dont elle peut contribuer à l'évolution des politiques publiques, au niveau de leur conception, de leur mise en œuvre, de leur évaluation et de leur rapport aux expérimentations territoriales.

Cette initiative sort de la logique dominante des appels d'offres publics et du « nouveau management public[118] » pour entrer dans des logiques de partenariat plus ascendantes, plus coopératives et plus pérennes entre l'État et les acteurs territoriaux, dans un domaine, l'emploi, qui est traditionnellement en France la responsabilité directe de l'État.

Ce sont bien « la société civile et le monde associatif – à qui l'on ne reconnaissait il y a dix ans encore aucune expertise et aucune légitimité sur le terrain de la lutte contre le

118. Aussi appelé « nouvelle gestion publique », il est né dans les années 1970 et veut transposer dans le secteur public les modes d'organisation du privé. Ses conséquences négatives dans le rapport aux acteurs du champ sanitaire, social et de solidarité sont décrites en particulier par Pascale-Dominique Russo, *Souffrance en milieu engagé*, Éditions du Faubourg, 2020.

chômage autre que celle d'accueillir et d'accompagner les personnes exclues de l'emploi, et éventuellement d'aider à en "réinsérer" certaines dans l'emploi privé ou public – [qui ont initié le projet TZCLD]. Aujourd'hui, cette reconnaissance a fait du chemin, et les acteurs associatifs ainsi que les personnes privées d'emploi elles-mêmes ont toute place et légitimité dans les CLE et les EBE, contribuant à transformer les représentations que les acteurs ont les uns sur les autres[119] ».

Le très officiel Conseil d'analyse économique lui-même appelle de ses vœux de nouvelles articulations entre l'État et les territoires qui consisteraient à « redéfinir les objectifs d'aides aux territoires en prenant en compte toutes les dimensions du bien-être et non les seuls critères économiques ; changer de méthode : passer d'un État prescripteur à un État accompagnateur ; rénover l'approche de l'État central vis-à-vis des politiques de soutien aux territoires ; privilégier l'accompagnement technique et financier des projets initiés localement, à partir d'une information locale, et portés par l'ensemble des acteurs concernés ; promouvoir le droit à l'expérimentation et à la différenciation pour la réalisation des projets[120] ».

L'avenir de TZCLD et sa pérennisation envisagée dans les années qui viennent se feront au sein des politiques de l'emploi. TZCLD expérimente également la manière dont une initiative citoyenne peut devenir une politique territoriale et nationale en restant fidèle à son esprit et à ses objectifs d'origine, ainsi que la manière dont, au-delà du champ de l'emploi, elle peut inspirer d'autres politiques publiques.

---

119. Martine Brasseur, Annie Bartoli, Didier Chabaud, Pascal Grouiez et Gilles Rouet (dir.), *Entreprendre l'inclusion sur un territoire. Volume 2 : Les partenariats locaux, clefs de l'inclusion sur un territoire*, ISTE-Wiley, à paraître.
120. Yann Algan, Clément Malgouyres et Claudia Senik, « Territoires, bien-être et politiques publiques », Conseil d'analyse économique, n° 55, 2020.

De nouveaux points d'appui pour Pôle emploi ?

Territoires zéro chômeur de longue durée introduit une innovation dans les politiques de l'emploi : le décret n° 2016-1027 du 27 juillet 2016 et le décret n° 2021-863 du 30 juin 2021 instaurent une gouvernance locale de l'expérimentation, et non une gouvernance nationale centralisée. Cependant, soulignons que le législateur n'est pas allé, en 2020, jusqu'à décider d'un cofinancement des CLE par l'État, malgré la demande répétée des acteurs de l'expérimentation.

Ces décrets déterminent la composition du comité local de l'emploi : à partir de 2016, celui-ci est composé *a minima* de représentants de Pôle emploi, de la Direccte, des collectivités impliquées, de la ou des entreprises à but d'emploi et de ses ou leurs salariés ; à partir de 2021 s'ajoutent des représentants du préfet de département, des acteurs économiques locaux, des personnes durablement privées d'emploi et du Fonds ETCLD.

À Villeurbanne, le bureau du CLE est composé de représentants de la ville, de la métropole de Lyon (Maison de la métropole pour les solidarités et direction de l'emploi et de l'insertion), de l'État (Direccte, délégué du préfet), du service public de l'emploi (Pôle emploi, mission locale), de la Mrie, du centre d'animation Saint-Jean, de syndicats de salariés, d'habitants et demandeurs d'emploi du quartier, de personnes qualifiées et de représentants de la direction de l'EBE.

La loi laisse chaque territoire libre de choisir la manière dont le CLE est animé et gouverné : soit d'une manière traditionnelle, chaque acteur restant dans son rôle, soit d'une manière plus horizontale et innovante, en expérimentant des façons de penser ensemble qui mettent de côté étiquettes et relations de pouvoir. On observe sur les territoires expérimentaux une grande diversité de pratiques d'animation de ce travail partenarial.

La loi accorde également à chaque territoire une certaine marge de manœuvre pour apprécier ce qu'est la privation durable d'emploi et quelles sont les personnes éligibles à l'embauche en EBE, ce qui représente une autre innovation notable par rapport aux pratiques traditionnelles. Cette approche « concrète » rend mieux compte de la réalité du chômage sur un territoire que les logiques purement administratives de Pôle emploi (qui, par définition, ne tient pas compte des personnes qui ne sont pas inscrites à ses services) ou du Bureau international du travail et de l'Insee, pour qui il suffit de travailler une heure par semaine pour ne pas être identifié comme chômeur. Un enjeu de la phase 2021-2026 de TZCLD sera de donner à la notion de privation durable d'emploi un contenu harmonisé.

Sur plusieurs territoires, Pôle emploi fait évoluer certains de ses modes d'action au contact de l'expérimentation : « Les conseillers Pôle emploi [de Thiers] sont mis à contribution dans la première rencontre avec les personnes privées durablement d'emploi, mais selon des modalités divergeant des pratiques classiques. Ces entretiens sont réalisés dans le cadre de permanences hors agence et portant sur les souhaits des personnes rencontrées : "On part de leurs compétences, on n'est pas là en tant qu'experts du marché du travail. TZCLD, c'est "qu'est-ce que vous voulez faire ?", du temps choisi (conseiller de l'agence Pôle emploi de Thiers, entretien individuel, mars 2021). Par la suite, l'absence de contrôle, de sanction[121] et d'une contrainte liée à la détermination d'objectifs de retour rapide à l'emploi, est considérée comme favorisant l'installation d'une relation d'accompagnement permettant de travailler sur des orientations

121. Il n'y a pas de radiation en cas d'absence actualisation, celle-ci, au demeurant, étant systématiquement réalisée par le conseiller et non par la personne demandeuse d'emploi.

professionnelles de manière plus efficace [...]. Les modalités spécifiques d'intervention des conseillers de Pôle emploi (permanences hors agence, ateliers collectifs) sont conçues en lien étroit avec l'équipe opérationnelle du CLE [...]. Surtout, [cette équipe] assure un lien régulier avec les personnes privées durablement d'emploi en attente, dans une logique assumée d'accompagnement direct de ces dernières, mais intégrant davantage d'informel, délestée des contraintes liées aux pratiques d'accompagnement s'inscrivant dans des dispositifs institutionnels[122]. »

Au démarrage du projet dans le quartier Saint-Jean, à Villeurbanne, les premières réunions d'information organisées par Pôle emploi et la mission locale sur invitation formelle se sont soldées par un relatif échec. Les personnes rejetées par le marché de l'emploi, en effet, ont souvent développé une certaine défiance vis-à-vis des institutions, ou tout au moins ne croient plus que celles-ci aient le pouvoir de les aider. Par la suite, la communication sur le projet s'est orientée vers des portes ouvertes chaque mardi dans un local du quartier : les habitants du quartier se présentant spontanément pour se renseigner, qu'ils soient privés durablement d'emploi ou non. Ces portes ouvertes sont animées par des acteurs du projet, dont des salariés d'EmerJean.

Au bout de quelques années, Pôle emploi a détaché une première salariée à ces permanences, puis une deuxième. « L'expérimentation ouvre de nouveaux lieux, permet davantage de croiser les regards des partenaires », explique en 2020 la directrice de Pôle emploi Villeurbanne. « Côté Pôle emploi, confirme un autre acteur du projet, il y a aujourd'hui une conseillère plus identifiée, que les salariés connaissent par

122. Alexeï Tabet, « Les Territoires zéro chômeur de longue durée : quelle création de valeur ? », *La Fonda*, décembre 2021. Les informations et citations des deux paragraphes suivants sont issues du même document.

son prénom, qui est présente à certaines réunions, notamment lors du CLE, des temps d'informations, etc.»

Le rôle de Pôle emploi dans l'expérimentation ne s'arrête pas au moment où les personnes privées durablement d'emploi sont embauchées. Il se poursuit pour les soutenir dans des projets de formation ou de recherche d'un autre emploi hors EBE. La volonté de Pôle emploi d'imaginer de nouvelles manières d'«aller vers» est aujourd'hui expérimentée dans plusieurs lieux, comme l'explique Jean Bassère, son directeur général: «Notre objectif, c'est [...] le "Pôle emploi hors les murs". Il faut qu'on utilise des ressources pour toucher les demandeurs d'emploi qui ne viennent pas ou ne viennent plus dans les services publics. [...] Faire en sorte que notre qualité de service vis-à-vis des populations qui ont particulièrement besoin de nous soit plus importante qu'elle ne l'est aujourd'hui[123].» Dans certains territoires, l'expérimentation a montré que le «halo du chômage» était bien plus important qu'on ne le pensait.

La dynamique TZCLD peut également permettre de penser de nouvelles synergies avec les acteurs de la formation: «L'expérimentation alimente une réflexion embryonnaire sur le rôle de l'institution régionale et de ses agents dans la façon de coconstruire la formation en territoire [en ouvrant] la latitude maximale pour épouser les besoins des entreprises. "On est bien dans une approche innovante, [témoigne un acteur]. D'habitude, on s'appuie sur de la formation construite, figée, alors que là, il y a un volet formation qui va servir de tronc commun pour l'intégration des salariés et de l'entreprise. Mais parallèlement à cela, puisqu'on ne sait pas par anticipation quels seront le choix et l'orientation professionnelle des personnes

123. «Emploi et relance: grand entretien avec Jean Bassères», *Intercommunalités de France*, 16 juin 2021.

accueillies, on laisse ouvert. C'est-à-dire qu'on met des moyens qui permettent aux salariés, à un moment donné, de bénéficier de la formation de leur choix. [Ce] n'est pas quelque chose qu'on sait par avance, mais que l'entreprise décide [avec] le salarié"[124]. » « Ce projet redonne beaucoup de sens aux agents des institutions publiques, commente Bertrand Foucher, président d'EmerJean. Ils y trouvent des marges de manœuvre et une connaissance nouvelle des acteurs du territoire. C'est un projet à taille humaine qui permet à chacun de redonner du sens à ce qu'il fait[125]. »

De nouveaux points d'appui pour les collectivités ?

« Ce projet a forcé les politiques publiques à regarder de près un quartier, analyse la directrice de la démocratie, du développement et de la vie des quartiers à Villeurbanne. Maintenant, les pouvoirs publics assument de dire qu'il n'y a pas assez de choses faites, qu'il n'y a pas le niveau de service souhaitable. Aujourd'hui, de nombreux services de la ville veulent travailler à Saint-Jean et mettre des moyens pour expérimenter des choses[126] » dans plusieurs quartiers « Politique de la ville », au-delà de Saint-Jean. Le projet produit ainsi du bénéfice au-delà du territoire expérimental.

La collectivité locale a la responsabilité d'animer le projet et le CLE dans une gouvernance partagée entre les différents acteurs qui renforce et renouvelle ses moyens et ses politiques sur le territoire. Marc Godefroy, conseiller à l'ESS à la métropole européenne de Lille et qui présidait jusqu'en

124. Anne Fretel, Florence Jany-Catrice, Philippe Semenowicz et Sylvain Vatan, « "Territoire zéro chômeur" face à la crise sanitaire », *op. cit.*
125. Intervention lors d'une rencontre organisée le 21 janvier 2022 par ATD Quart Monde.
126. Alexeï Tabet, « Les "Territoires zéro chômeur de longue durée" : quelle création de valeur ? », *op. cit.*

juillet 2020 le comité métropolitain TZCLD, témoigne: «Les collectivités ont un premier rôle d'animateurs du territoire, en tant qu'instances légitimes, car démocratiquement élues, pour rassembler les acteurs nécessaires à la réalisation de ce projet (entreprises, associations, publics concernés, institutions...). Les collectivités interviennent également en tant qu'auteurs de la commande publique et de l'aménagement du territoire, certaines commandes publiques pouvant être attribuées à [l'entreprise à but d'emploi][127].»

Marc Godefroy précise: «L'art de présider ce comité métropolitain était de faire face à différents scepticismes, à des doutes, à des conceptions différentes du projet et de ses finalités, sur un objet en cours de construction et pas entièrement partagé. Il fallait aussi parfois pousser des acteurs dans leurs retranchements pour accompagner le changement de regard, pour faire ensemble des politiques publiques. La place des acteurs dans ce dispositif, notamment des personnes qui étaient privées d'emploi, est importante.» L'impulsion donnée visait aussi à ne pas faire de TZCLD un projet «descendant» mais «porté aussi par des personnes privées d'emploi qui définissent avec d'autres acteurs un projet de territoire[128]».

Aux yeux de Marc Godefroy, il s'agit d'une relation non pas de prestation, mais de coopération entre des acteurs institutionnels, associatifs, économiques et des personnes physiques: «Pour moi, cette coopération, c'est toujours ce qui marche. Cela marche plus ou moins bien, mais cela marche. Et c'est ce que ne permet pas d'atteindre la logique strictement marchande. [...] Malheureusement, plus ça va, moins ce rapport existe dans la commande publique: on est de plus

127. «Entretien avec Marc Godefroy: Europe et expérimentation "Territoire zéro chômeur de longue durée"», 7 février 2018, Réseau des collectivités territoriales pour une économie solidaire (RTES).
128. Anne Fretel, Florence Jany-Catrice, Philippe Semenowicz et Sylvain Vatan, «"Territoire zéro chômeur" face à la crise sanitaire», *op. cit.*

en plus dans le marché, et de moins en moins dans la co-conception de solutions publiques à des problèmes collectifs. [...] Le marché ne parviendra pas à faire cela. Tout ce que les services publics ont fait (Pôle emploi, la région, etc.) pour acheter des solutions, eh bien ils n'ont pas acheté des solutions. Ils ont fait vivre (provisoirement) des prestataires, mais ils n'ont pas développé des solutions nouvelles. [...] La mécanique générale d'adhésion au projet TZCLD [...] n'est certes pas totalement fluide, mais on sent quand même qu'il y a une volonté de chacun de mettre ses certitudes un peu à plat et de les reconsidérer. [...] Le risque existe que ce soit temporaire et qu'à un moment donné chacun reprenne son quant-à-soi et se dise: "Combien cela me coûte? Combien cela me rapporte (d'argent, de voix)?" [...] Ce lâcher-prise de l'élu qui accepte le risque de se trouver dans un collectif qu'il n'a pas choisi, qu'il ne maîtrise pas au sens politique du terme [...] est une posture qui n'est pas fréquente pour les élus. [...] Je pense que ce retournement de toutes les postures politiques, institutionnelles, qu'elles soient professionnelles ou citoyennes, est extrêmement mobilisant. [...] On a cependant cette crainte de se dire: [...] est-ce qu'ils ne vont pas se démobiliser en se disant que ça rajoute du boulot, de la contrainte[129]?»

Animer le projet depuis ce lieu de coopération inédit qu'est le CLE est exigeant pour la collectivité. Cela lui demande de revisiter son rôle et sa posture par rapport aux autres acteurs impliqués, en particulier les personnes privées durablement d'emploi, les salariés des EBE et les autres habitants. D'où l'importance que les élus et les autres membres des CLE – et pas seulement les directions d'EBE – se forment à l'expérimentation

129. Florence Jany-Catrice et Laura Nirello, «Une politique sociale locale consolidée par "la mobilisation territoriale". Le cas du projet "Territoire zéro chômeur de longue durée"», entretien avec Marc Godefroy, *Revue française des affaires sociales*, 2019.

et à la connaissance de ce que vivent les personnes privées durablement d'emploi.

Pour Éric Vanhuysse, membre de l'équipe projet en métropole européenne de Lille, « on ne peut pas participer à l'expérimentation en tant que collectivité sans être dans le "faire" au quotidien, sans connaître les salariés, sans rencontrer les candidats, etc. On ne peut pas être "supra", juste dans la coordination. Il est vrai qu'il n'est pas évident pour un directeur d'EBE d'accepter que la collectivité regarde à l'intérieur. Il faut pour cela une grande confiance. On se rencontre chaque semaine avec la direction de l'EBE[130] ».

Agnès Thouvenot, maire adjointe de Villeurbanne, le confirme : « [Coopérer au sein du projet TZCLD] n'a rien à voir avec ce que l'on fait habituellement, nous, les élus. Ce n'est pas de la démocratie participative et ce n'est pas de la concertation. On est plutôt dans un principe de coconstruction. Il faut dépasser ce terme à la mode, mettre des outils derrière et être dans une logique de processus permanent. Car il y a des hommes et des femmes qui changent sur les territoires. Il faut pouvoir accueillir ces paroles nouvelles sans remettre en cause le projet à chaque fois. L'état des lieux évolue, et il y a l'épreuve des faits. [...] On a coconstruit le projet avec les habitants dès la première semaine. [...] On a traduit la coopération avec les structures de l'IAE et de l'emploi adapté dans l'actionnariat de l'EBE, dont ces structures sont actionnaires. [...] Le consensus fonctionne parce qu'on travaille ensemble, et les barrières se lèvent. On n'est pas simplement dans des réunions où le maire prend la parole[131]. »

130. Rencontre du « Laboratoire des travaux utiles » organisée le 7 avril 2021 par la branche Hauts-de-France de l'expérimentation TZCLD.
131. Journée « La fabrique du consensus » du 23 mai 2017 à l'Assemblée nationale, *op. cit.*

Pour des territoires situés dans une métropole, comme Villeurbanne et Loos-Tourcoing, TZCLD est aussi l'occasion de vivre au quotidien une subsidiarité entre quartier, commune et métropole, et entre différents services d'une même collectivité. Non sans difficultés, bien sûr, comme en témoigne un acteur de la métropole lilloise. Selon lui, «il est compliqué pour les collectivités de ne plus travailler "en silo", d'accepter des projets dans leur "transversalité" en réunissant des équipes projet hétérogènes, qui jouent les connexions entre les différentes dimensions, "en particulier sociale, économique, démocratique" [...]. "Déchets, alimentation, conciergerie de quartier, c'est du temps long : aller dans d'autres pôles de la métropole, les convaincre et mettre des actions en place, et surtout des actions dérogatoires, parce qu'expérimentales..."[132] ».

TZCLD permet aux métropoles d'expérimenter le rapprochement entre l'accompagnement social des personnes allocataires du RSA et l'accès à l'emploi, «par exemple en expérimentant une démarche d'accompagnement global via la constitution de binômes entre travailleurs sociaux et conseillers Pôle emploi[133] ».

Alors que la puissance publique a une tendance naturelle à regarder avec scepticisme, sinon crainte, le renforcement du pouvoir d'agir des citoyens, l'expérimentation TZCLD apparaît à certains élus comme une chance de faire monter en compétences les habitants sur des modes de coopération, d'agréger des énergies diverses, plutôt que de se retrouver régulièrement dans des rapports de force avec elles. Agnès Thouvenot confirme que, pour la municipalité de Villeurbanne, TZCLD a été perçu comme «l'occasion, dans un contexte de

132. Anne Fretel, Florence Jany-Catrice, Philippe Semenowicz et Sylvain Vatan, «"Territoire zéro chômeur" face à la crise sanitaire», *op. cit.*
133. Alexeï Tabet, «Les "Territoires zéro chômeur de longue durée" : quelle création de valeur?», *op. cit.*

rénovation urbaine du quartier, d'ajouter une brique sociale au projet urbain. Que de nombreuses personnes retrouvent un emploi ne saurait être sans impact sur la vie du quartier, la mobilisation des habitants, leur envie de participer à l'élaboration du projet urbain[134] ».

Au-delà de la sphère de l'emploi et des politiques sociales, les « briques de coopération » qui s'élaborent au sein de TZCLD peuvent nourrir la participation des habitants à d'autres politiques publiques : « On pressent qu'elles peuvent être des briques de la transition durable vers un autre modèle économique, social, écologique, culturel et d'implication citoyenne[135] », estime Agnès Thouvenot, qui identifie au moins quatre formes de dynamiques coopératives à l'œuvre sur les Territoires zéro chômeur de longue durée. Elle relève d'abord une coopération qui associe des parties prenantes rarement réunies : institutions, entreprises, collectivités, habitants, acteurs économiques et sociaux, militants d'associations et de syndicats... La deuxième dynamique est celle de la participation des habitants. L'expérimentation TZCLD apporte la preuve qu'on peut renouveler les formes de participation active des habitants au devenir de leur cité. La troisième concerne les acteurs économiques – entreprises locales, collectivités, insertion par l'activité économique (IAE), entreprises à but d'emploi (EBE), etc. – qui doivent coopérer pour identifier des besoins non couverts et se répartir les réponses en termes d'activités nouvelles à créer. La quatrième renvoie aux politiques publiques. Pour Agnès Thouvenot, TZCLD est un laboratoire privilégié des politiques de cohésion sociale et de transition écologique en lien avec d'autres politiques publiques spécifiques, comme les territoires à énergie positive,

134. Agnès Thouvenot, « Territoires zéro chômeur : un laboratoire d'emploi », *op. cit.*
135. Citée dans Jean-Christophe Sarrot, « L'expérimentation "Territoires zéro chômeur de longue durée" », *Études*, avril 2020.

les projets territoriaux d'alimentation et les multiples initiatives portées par le mouvement associatif et les structures de l'économie sociale et solidaire (ESS).

Comme dans toute expérimentation, il existe bien sûr un risque de vouloir essaimer sans avoir suffisamment évalué auparavant, notamment sans avoir identifié les conditions de réussite de cette gouvernance locale qui est bien la véritable innovation du projet TZCLD : comment construire une vision partagée du projet, assurer la représentativité des acteurs au sein du CLE, stabiliser les concepts de non-concurrence et privation durable d'emploi, maintenir l'action dans la durée, etc. La phase 2021-2026 devrait permettre d'avancer dans ce travail de recherche et d'évaluation.

Des risques existent également qu'une collectivité mette en avant de façon trop importante ses préoccupations (légitimes) de développement économique, en favorisant des activités en partie solvables au détriment d'activités moins porteuses commercialement mais qui seraient plus créatrices d'emploi et correspondraient davantage aux objectifs de l'expérimentation[136]. C'est l'une des raisons pour lesquelles l'implication forte d'autres acteurs, aux côtés de la collectivité, peut être bénéfique au projet. C'est le cas à Villeurbanne avec l'investissement important de la Mission régionale d'information sur l'exclusion en Rhône-Alpes au moment de l'élaboration du projet en 2016 et, depuis, au sein de la structure d'accompagnement « Le Booster », qui travaille sur les conditions de la coconstruction en associant toutes les parties prenantes, y compris les habitants et les salariés.

136. Mathieu Béraud et Jean-Pascal Higelé, « "Territoire zéro chômeur de longue durée" : les luttes d'interprétation d'un droit à l'emploi », *op. cit.*

Passer de l'expérimentation à la pérennisation

Nous l'avons souligné, TZCLD est une expérimentation très scrutée par les pouvoirs publics. Cependant, vu la manière dont elle est peu reliée aux réflexions et aux expérimentations actuelles autour du service public de l'insertion et de l'emploi (Spie), elle semble encore peu inspirer les politiques publiques de l'emploi. TZCLD pourrait pourtant être un pilier de la « Stratégie contre la pauvreté » que le président de la République Emmanuel Macron a présentée en septembre 2018 et dont les effets se font attendre.

Ce ne serait pas la première fois qu'une expérimentation initiée avec des personnes confrontées à l'exclusion sociale devient une politique publique. Peu à peu, par leurs actions, des associations ont été reconnues par l'État comme capables d'initier des politiques publiques. On peut citer l'expérimentation, en 1985, d'un revenu minimum garanti par ATD Quart Monde, le conseil général, la municipalité de Rennes et la caisse d'allocations familiales d'Ille-et-Vilaine, qui a conduit à la création du revenu minimum d'insertion (RMI) en 1988, et celle d'ATD Quart Monde avec l'État, le département de Meurthe-et-Moselle et la Sécurité sociale dans les années 1980 et 1990, qui a donné lieu à la création en 1999 de la couverture maladie universelle (CMU).

Des écueils à éviter

La définition des conditions de la pérennisation de l'expérimentation TZCLD par l'État est l'un des objectifs de la phase 2021-2026. Trois écueils au moins seront à éviter.

Le premier serait de ne rendre le projet TZCLD accessible qu'à certaines catégories de personnes (les plus de 55 ans, par exemple) ou certains territoires (les quartiers prioritaires de la ville, les territoires les mieux dotés financièrement ou au contraire les plus en difficulté, etc.), alors que son ambition est de ne laisser de côté aucun territoire volontaire et aucune personne, elle aussi volontaire, privée durablement d'emploi. À cet égard, la future loi de pérennisation devrait prévoir un financement partiel par l'État de l'équipe projet de chaque territoire, palliant ainsi les inégalités de ressources financières des territoires et augmentant grandement la capacité de ceux qui veulent rendre effectif l'accès de tous à un emploi décent.

Le deuxième écueil serait de pérenniser une « politique territorialisée » qui ne laisserait pas de place aux « projets de territoire ». La notion de territoire peut en effet se décliner de ces deux façons dans le champ de la politique d'emploi[137]. La politique territorialisée se caractérise par une « mise en œuvre d'une politique définie au niveau central. [Elle prône] une démarche itérative et partagée autour de l'enchaînement de phases de diagnostics, de plan d'action, de programmes d'évaluation ». Le projet de territoire, lui, « résulte de la volonté des acteurs locaux de s'engager collectivement sur l'avenir d'un territoire. Il se caractérise par une démarche ascendante qui [...] s'organise pour élaborer une stratégie de développement à partir de diagnostic partagé. TZCLD puise dans ces deux façons de concevoir le territoire[138] ».

Le troisième écueil serait d'amalgamer TZCLD et des politiques de « garantie d'emploi » telles que celle promue depuis 2021 par l'Institut Rousseau, qui vise à créer un

137. Thierry Berthet, Philippe Cuntigh, Christophe Guitton et Olivier Mazel, « 1982-2002 : la territorialisation progressive des politiques d'emploi », Pips, Dares, n° 24.2, juin 2002.

138. Anne Fretel, Florence Jany-Catrice, Philippe Semenowicz et Sylvain Vatan, « "Territoire zéro chômeur" face à la crise sanitaire », *op. cit.*

million d'emplois dans les métiers de la reconstruction écologique et du lien social. Si ces dernières sont utiles, urgentes et nécessaires, les deux projets diffèrent cependant sur plusieurs points :

– le mode de financement ;

– le fait que la garantie d'emploi ne prend pas en compte les spécificités du chômage de longue durée : garantir un emploi à tous demande de le construire à partir des aptitudes et savoir-faire des personnes, ce qui, pour les plus éloignées de l'emploi, peut nécessiter beaucoup d'adaptation ;

– sa non-prise en compte de l'animation territoriale nécessaire pour lutter contre le non-recours : il ne suffit pas de créer des emplois pour que les personnes s'en saisissent ;

– sa perspective explicitement contracyclique par rapport à la conjoncture du marché de l'emploi, alors qu'il s'agit plutôt, avec TZCLD, d'emplois et d'activités pérennes ;

– les politiques de garantie de l'emploi ne visent pas des activités non concurrentielles, cela signifie qu'elles ont un impact plus important sur les finances publiques ;

– elles mêlent différents types d'emplois créés : CDI à temps choisi (comme sur les TZCLD), emplois d'insertion, emplois protégés et emplois aidés à durée déterminée.

C'est pourquoi il faut distinguer le temps des expérimentations comme TZCLD et celui de l'urgence sociale et écologique à laquelle peuvent répondre des politiques de garantie d'emploi. Donnons à chaque solution les moyens d'agir et de s'évaluer. C'est la conjugaison de ces leviers d'action qui peut fonder un autre pilier de notre État social et un autre rapport au travail.

CHAPITRE 6
Une manière nouvelle de penser l'emploi ?

Plus de cinq ans après la création des premières entreprises à but d'emploi, il est nécessaire de s'interroger : quelle est la signification de cette expérimentation ? Est-elle un nouvel outil d'insertion, de développement économique des territoires, un nouveau levier de l'ESS et du pouvoir d'agir citoyen, une manière nouvelle de penser l'emploi ? Que s'agit-il d'approfondir dans sa seconde phase, celle de 2021-2026 ? Que s'agirait-il de pérenniser ensuite ?

Le 10 février 2016 à l'Assemblée nationale, le député Laurent Grandguillaume exprimait son espoir que « cette proposition de loi marque un commencement : celui du renouvellement des instruments de la lutte contre le chômage et contre l'exclusion à partir des territoires où sont proposées des solutions innovantes. [...] Une nouvelle philosophie en matière de politique de l'emploi [qui] complète, bien évidemment, tous les processus et dispositifs mis en place par le gouvernement. [...] Il s'agit en effet bien de créer, à travers une activité économique, des emplois durables qui n'existent pas encore aujourd'hui au sein de ces territoires, en nous appuyant sur la force créatrice des acteurs locaux : collectivités, entrepreneurs, acteurs de l'économie sociale et solidaire, syndicats, organisations professionnelles et associations ».

Si, dès ce jour, l'accent a été mis sur la nécessité de « créer des emplois durables qui n'existent pas encore » (mais durables combien de temps ?), il ne s'agissait pas, à l'époque, de dire plus précisément ce que pouvait recouvrir cette « nouvelle philosophie ». Car, d'une part, cela aurait été « mettre la charrue avant les bœufs » et préempter une partie de l'expérimentation. D'autre part, cela aurait risqué de porter le débat sur des terrains idéologiques et de rendre incertain le vote des lois de 2016 et 2020.

Ce non-dit volontaire originel a laissé le champ libre, pendant la phase 2016-2021, au déploiement de visions contrastées de l'expérimentation, d'un territoire à un autre ou entre acteurs d'un même territoire. Ces visions ont des conséquences diverses sur les stratégies de mobilisation, de modèle économique, de choix d'investissements, de partenariats, d'activités, d'embauches, de management et de formation des salariés des EBE.

« Compte tenu de la nécessité de mettre en pratique un projet incomplet et contraint, analysent des chercheurs, l'entreprise à but d'emploi voit ses objectifs diversement interprétés. Les acteurs lui fixent des objectifs peu compatibles entre eux : solution durable pour les personnes trop éloignées de l'emploi dans une logique d'économie de secours pour les uns, logique de marchepied et d'incubateur de compétences au service de l'économie "classique" pour les autres ; structure devant atteindre dès que possible une rentabilité économique ou au contraire espaces d'activités à subventionner durablement. Cette diversité de finalités se retrouve au niveau aussi bien national que local et souligne avant tout l'ambiguïté des attendus du projet. Cette diversité de perspectives est bien résumée par cet acteur national qui souligne que l'entreprise à but d'emploi est prise en tension entre une version "catho de gauche", une autre "catho de droite", une vision "néolibérale" et une vision "ESS". [...] Cette diversité de postures croise la diversité des postures des salariés qui se projettent très différemment dans l'EBE[139]. »

Cette diversité est à cultiver, en ce qu'elle permet d'ouvrir largement les engagements, les partenariats et les activités sur un Territoire zéro chômeur. Mais elle doit tout de même être orientée par des fondamentaux clairs et non discutables.

Un outil supplémentaire pour compléter les politiques de l'emploi existantes ?

Contracyclicité ou pérennité ?

Un premier sujet de divergence concerne l'aspect temporaire ou pérenne des EBE, de leurs activités et de leurs emplois. Au départ, l'hypothèse de la « contracyclicité » des emplois en EBE était ainsi exprimée : « Si l'économie locale augmente, ces emplois complémentaires doivent diminuer ; si elle diminue, ils doivent augmenter[140]. » Aujourd'hui, l'hypothèse de la pérennité des EBE et d'une partie de leurs emplois est davantage évoquée. Certains acteurs ont proposé en 2019 d'intégrer explicitement aux raisons d'être de l'expérimentation le constat que le manque d'emplois décents en France est massif et structurel[141]. Ce constat, normal sur des territoires connaissant une situation de l'emploi particulièrement dégradée, est en réalité plus large. On sait bien que les personnes privées durablement d'emploi retrouvent très difficilement du travail, même lors des périodes de reprise économique. « Être pauvre, a témoigné en 2021 une femme

139. Anne Fretel et Florence Jany-Catrice (dir.), « Une analyse de la mise en œuvre du programme expérimental visant à la résorption du chômage de longue durée dans le territoire urbain de la métropole de Lille », Dares, 25 septembre 2019.
140. Patrick Valentin et Michel de Virville, « L'opération Territoires zéro chômeur de longue durée », *Le Journal de l'École de Paris du management*, n° 126, 2017.
141. Didier Goubert, Claire Hédon et Daniel Le Guillou, *Zéro chômeur. Dix territoires relèvent le défi*, *op. cit.*

en grande précarité, c'est faire partie d'un système qui vous fait attendre indéfiniment dans un état de peur, d'incertitude et d'impuissance[142]. »

Les EBE accueillent par ailleurs une population relativement âgée, qui a plus de difficultés à retrouver un emploi sur le marché traditionnel, même quand celui-ci reprend de la vigueur. À Actypoles-Thiers, par exemple, les quatre-vingt-dix salariés que l'entreprise compte fin 2021 ont un âge médian de 50 ans. Les 50 % de salariés les plus âgés risquent de n'avoir d'autre issue que de rester dans l'EBE jusqu'à leur retraite, soit en moyenne entre douze et quinze ans.

Rappelons aussi que le deuxième rapport du Comité scientifique de l'expérimentation a constaté que deux tiers des salariés des EBE ne seraient pas en CDI si TZCLD n'existait pas[143].

Pour toutes ces raisons, il semble bien que, même si elles ne doivent pas être la seule, les EBE constituent une réponse structurelle et pérenne à la privation durable d'emploi, et non pas simplement contracyclique. D'autant plus que les salariés des EBE nous ont appris quelque chose que la plupart d'entre nous ignorions : même éloignés de l'emploi, même en situation de pauvreté, ils restent nombreux ceux pour qui leur dignité et celle de leurs proches ont une valeur supérieure à l'obtention d'un emploi précaire. Beaucoup d'entre eux ont connu l'emploi classique, avec souvent des humiliations, des manques de reconnaissance, des souffrances au travail, physiques et psychiques, et ne sont plus prêts à accepter cela. Comme d'autres travailleurs souvent diplômés et inclus, certains salariés des EBE veulent un emploi qui ait du sens et

142. Citée lors de la rencontre « Réfléchir ensemble l'accès à l'emploi pour tous » organisée le 27 avril 2021 par ATD Quart Monde Suisse.
143. Olivier Bouba-Olga, Pierre Cahuc, Vanessa Di Paola, Laurent Gardin, Loïc Levoyer, Mareva Sabatier et Carole Tuchszirer, « Expérimentation Territoires zéro chômeur de longue durée : rapport du comité scientifique », Dares, 2021.

ne sont plus prêts à accepter n'importe quel travail pour disposer d'un salaire. Ces deux attentes, l'une sur le contenu du travail et l'autre sur ses conditions d'exercice, concernent de manière diverse les salariés des EBE, mais elles mettent toutes les deux en question la contracyclicité.

Il ne s'agit pas pour autant de considérer que l'ensemble des salariés des EBE doivent passer toute leur vie professionnelle dans l'EBE, ni, *a contrario*, que celle-ci est un « tremplin » qu'ils devraient tous quitter dès que possible pour un emploi dans le secteur privé ou public.

On pourrait parler d'une contracyclicité « à la marge », avec la possibilité – encouragée par les lois de 2016 et 2020, qui prévoient une suspension possible du contrat de travail avec l'EBE pendant une période d'essai à l'extérieur –, pour ceux qui le souhaitent et le peuvent, d'aller vers un autre emploi. La sortie de l'EBE, si elle est bénéfique pour la personne, ne l'est cependant pas forcément pour l'éradication de la privation durable d'emploi sur le territoire, puisque le poste que la personne occupera n'est pas *supplémentaire*, comme ceux des EBE, et qu'elle prend une place qu'une autre personne privée d'emploi aurait pu occuper.

Éradiquer la privation durable d'emploi : une responsabilité ultime économique ou politique ?

Un autre sujet qui donne lieu à différentes interprétations est celui de la responsabilité ultime de l'éradication de la privation durable d'emploi sur le territoire. À qui incombe-t-elle : aux CLE et aux EBE par le biais de leurs emplois décents en CDI, ou à l'ensemble du territoire, à travers les emplois qu'il peut produire, que ceux-ci soient décents ou précaires, en CDI ou en CDD, privés, publics, dans l'IAE, etc. ?

La loi de 2020 stipule que l'expérimentation TZCLD vise «à mettre un terme à la privation durable d'emploi» et que, par ailleurs, elle «permet aux personnes concernées d'être embauchées en contrat à durée indéterminée» dans des EBE, dans un cadre de non-concurrence des activités et donc d'emplois «supplémentaires». Mais elle ne dit pas que le second élément est le principal ou unique moyen du premier. Elle laisse entendre que l'accès à des emplois qui ne sont ni en CDI ni supplémentaires est aussi une réponse à la privation durable d'emploi. Cette interprétation est reprise depuis par l'association TZCLD : «L'exhaustivité est la capacité du territoire à proposer un emploi à toute personne privée durablement d'emploi. [...] Une entreprise à but d'emploi (EBE) est l'un des outils permettant d'atteindre l'exhaustivité[144]. »

La loi de 2016 faisait, elle, un lien explicite entre ces deux éléments en parlant d'«une expérimentation visant à résorber fortement le chômage de longue durée en permettant à des demandeurs d'emploi d'être embauchés en contrat à durée indéterminée par des entreprises [à but d'emploi]». Dans son esprit, la responsabilité ultime de l'éradication de la privation durable d'emploi reposait sur le CLE et les EBE par la création d'emplois en CDI.

Pourquoi ce glissement sémantique de la loi de 2020, qui attribue la responsabilité de la suppression de la privation durable d'emploi non plus aux seuls CLE et EBE, mais à l'ensemble du territoire et de ses employeurs ?

L'intérêt de cet élargissement du champ de responsabilité est indiscutable : il s'agit d'inclure tous les acteurs dans cet effort d'éradiquer la privation durable d'emploi, dans une dynamique entretenue par le CLE. Mais son risque est

144. «Qu'est-ce que l'exhaustivité» et «Qu'est-ce que le droit d'obtenir un emploi», site de TZCLD.

de « [rabattre] alors les ambitions d'une partie des acteurs locaux, [de] ne plus voir dans TZCLD un caractère innovant [...], [de susciter] parfois de la frustration [chez les personnes privées d'emploi][145] », et d'abandonner en bonne partie le projet de repenser l'emploi collectivement, de transformer le territoire, ainsi que l'ambition que toute personne, quel que soit son degré de difficulté, reste libre de ses choix et puisse avoir accès à un emploi décent en CDI si elle le désire.

S'il est vrai que l'objectif de supprimer la privation durable d'emploi sur un territoire doit être partagé par le plus grand nombre d'acteurs, il ne faut pas que ce soit pour compenser des limites que les EBE ont rencontrées dans la phase 2016-2021 en voulant atteindre cet objectif. Il faut aussi qu'un groupe d'acteurs précis (en l'occurrence le CLE et ses EBE) en soit l'ultime garant en ayant la capacité de proposer un emploi décent en CDI à chaque personne qui en est durablement privée.

TZCLD : un nouveau modèle de « sas vers l'emploi » ?

L'expérimentation est-elle une nouvelle forme de « sas » vers l'emploi ? Une interprétation du slogan « personne n'est inemployable » pourrait en effet être que toute personne au chômage peut retrouver le chemin du marché de l'emploi traditionnel, en passant si nécessaire par une période de « sas ». L'IAE s'est construite dans les années 1970 sur cette logique, mais un certain nombre de ses acteurs, constatant aujourd'hui ses limites, essaient de s'en extraire.

« Les divergences d'approches entre ces acteurs restent fortes sur les questions relatives au développement économique et l'insertion, observent des chercheurs sur le territoire

145. Anne Fretel, Florence Jany-Catrice, Philippe Semenowicz et Sylvain Vatan, « "Territoire zéro chômeur" face à la crise sanitaire », *op. cit.*

expérimental de Loire, Nièvre et Bertranges. D'un côté, les services de l'État et de la région [...] considèrent TZCLD comme une structure classique de l'IAE. De l'autre, les services du département et les bénévoles engagés dans la conduite du projet cherchent à promouvoir un "autre modèle"[146]. »

Selon les chercheurs Anne Fretel *et al.*, si TZCLD devait se rapprocher de l'IAE, ce ne serait pas de l'IAE classique, mais d'une IAE expérimentale : « Des expérimentations se sont développées dans le champ de l'insertion depuis de nombreuses années pour proposer un autre modèle centré sur le travail et sur sa qualité, pour assurer l'instauration d'une dynamique émancipatrice. [...] Une des premières expérimentations en la matière porte le nom d'opération "Nouvelles qualifications". [...] Il s'agit de partir de ce que la personne veut ou sait faire pour impulser, par la mise en situation de travail, une dynamique expérientielle ayant, qui plus est, une vertu émancipatrice. Cette orientation est portée aujourd'hui par des dispositifs misant sur le principe de médiation [...] comme ce que propose la "garantie jeunes", le dispositif "intervention sur l'offre et la demande" (IOD) ou encore le projet "actions de formation en situation de travail" (Afest), qui insiste sur la valorisation de l'activité et de l'expérience du travail. Dans cette multitude de dispositifs, les difficultés de recrutement trouvent leur origine dans un manque d'employeurabilité. De ce fait, le processus d'insertion est repensé : il ne s'agit plus d'accompagner un individu peu employable ou inemployable, mais d'accompagner un trinôme : une personne, son projet et une entreprise[147]. »

Mais le projet TZCLD va plus loin que de travailler l'employeurabilité des entreprises existantes. Il repose sur la

146. Marc-Antoine Douchet et Achille Warnant, « L'insertion comme levier de développement en milieu rural », *op. cit.*
147. Anne Fretel, Florence Jany-Catrice, Philippe Semenowicz et Sylvain Vatan, « "Territoire zéro chômeur" face à la crise sanitaire », *op. cit.*

création d'emplois supplémentaires en CDI afin de combler le manque structurel d'emplois disponibles. « La logique est celle d'une action sur l'offre d'emploi plus que sur la demande. [...] La formation et l'accompagnement ne sont alors plus le levier de la lutte contre le chômage. [...] La logique poursuivie par les promoteurs de l'expérimentation TZCLD part de l'idée d'une présomption de compétence qui rend employable pour peu que l'on puisse construire et choisir son activité. [...] Cette mise à l'écart des termes et des pratiques classiques n'est cependant pas une mise au rebut de la formation et de l'accompagnement. Loin d'une lecture simpliste de la philosophie du projet, il s'agit pour les différents acteurs de construire un nouveau rapport à la formation et à l'accompagnement[148]. »

TZCLD ne s'est pas construit sur une logique de sas – dont la définition, rappelons-le, est un passage entre deux milieux que l'on maintient isolés l'un de l'autre et que l'on n'altère pas. Il s'agit au contraire d'ouvrir de nouveaux espaces de travail, de participation et de citoyenneté pour sortir de l'exclusion, en prenant appui sur toutes les expériences des personnes, sans les faire passer systématiquement d'un milieu à un autre.

Une approche nouvelle pour repenser l'emploi dans un contexte de transition écologique et sociale ?

De nouveaux objectifs pour l'entreprise

Si l'on pense les EBE comme des entreprises pérennes, « réparatrices », coopérantes et apprenantes, il devient nécessaire de penser de nouveaux axes stratégiques, objectifs d'activités et critères d'évaluation pour elles et, plus largement, pour toutes les structures volontaires de l'ESS et d'ailleurs qui souhaiteraient repenser le travail.

148. *Ibid.*

Nous avons détaillé dans le chapitre 4 les objectifs élargis d'activités expérimentés par plusieurs territoires durant la première phase, de 2016 à 2021[149]. Reste à avoir une réflexion équivalente sur la méthode pour *compter* ce qui *compte* vraiment au sein de l'EBE, car on ne peut pas lui attribuer des objectifs élargis en continuant de l'évaluer sur un résultat comptable uniquement financier, et on ne trouve actuellement pas dans le compte de résultat et le bilan de l'EBE de traces de sa principale richesse et raison d'être : ses salariés. Il en va de même du capital naturel concerné par l'activité de l'EBE.

À l'instar d'entreprises privées, de collectivités territoriales et de structures de l'ESS, plusieurs territoires expérimentaux ont commencé pendant la phase 2016-2021 à travailler sur la méthode Care, qui prend en compte ces capitaux naturel et humain de manière comptable et pas seulement informationnelle.

Cela rejoint les réflexions et les expérimentations, tant en France que dans d'autres pays, sur des indicateurs de bien-être territorial. La loi de 2016 prévoit d'ailleurs que le projet TZCLD soit évalué à l'aune des dix nouveaux indicateurs de richesse qui, depuis la loi du 13 avril 2015, doivent être pris en compte par les politiques publiques : dispersion des revenus, pauvreté en condition de vie, taux d'emploi, sortie précoce du système scolaire, dépenses de recherche, dette publique, empreinte carbone, artificialisation des sols, espérance de vie en bonne santé et satisfaction dans la vie.

Agnès Thouvenot rappelle : « À ce jour, le chiffre d'affaires de l'EBE n'assure pas la couverture de l'ensemble des charges de l'entreprise et vraisemblablement ne le permettra pas à long terme, les EBE n'intervenant que dans les champs non

149. Voir un bilan d'activité d'une EBE à partir de ces objectifs élargis dans le document « Pilotage Actypoles-Thiers » du 25 octobre, 2021.

concurrentiels et donc peu ou pas rentables. Les activités génèrent des effets difficilement monétisables dans les schémas d'une comptabilité classique, qui ne prend en compte ni le capital humain ni le capital naturel. Quand de nombreuses études prouvent que le retour à l'emploi des parents a une influence sur la réduction de l'échec scolaire, faudra-t-il mettre au bénéfice des TZCLD une meilleure réussite des enfants dans leur parcours à l'école ? Les activités à fort impact écologique sont-elles transformées en gain de réduction des émissions de CO_2 ? La prise en compte de ces bénéfices sociaux et environnementaux comme des externalités positives est nécessaire pour comptabiliser la richesse créée par les salariés… mais demande un changement de paradigme en comptabilité[150]. »

Plusieurs territoires expérimentaux travaillent avec les salariés des EBE volontaires à la mise en œuvre de la méthode Care. C'est une manière de prolonger et d'élargir à d'autres champs les efforts des EBE déjà décrits pour permettre aux salariés de reprendre du pouvoir d'agir sur leur travail et leur vie. « Une réelle contribution des salariés à la définition de leurs méthodes de travail et des critères d'efficacité qui le déterminent suppose qu'on leur reconnaisse le droit et la légitimité de développer un rapport à leur travail et à leur entreprise fondé sur leur professionnalité et sur leur expérience. C'est la condition indispensable pour libérer l'inventivité, la créativité, la réactivité, mais aussi pour rompre avec le mal-être qui accompagne la mise au travail infantilisante et irrespectueuse du management moderne sous ses différentes formes. […] Et cela ne peut avoir lieu dans des entreprises coupées de ceux à qui les biens et les services produits sont destinés […], porteurs de préoccupations environnementales qui devraient contribuer à la définition de la

150. Agnès Thouvenot, « Territoires zéro chômeur : un laboratoire d'emploi », *op. cit.*

qualité des biens et services tout en étant sensibilisés aux conditions de leur production[151]. »

Quelle rentabilité pour l'EBE ?

Un autre sujet sur lequel on constate l'absence d'une vision partagée pendant la première phase est celui de la rentabilité des EBE. Pour certains, il faut *d'abord* s'efforcer de l'améliorer et diminuer d'année en année le montant des financements publics versés aux EBE par l'augmentation du chiffre d'affaires par salarié. « Si on arrivait à avoir quelques activités [...] qui deviennent autonomes, sans soutien financier à l'emploi... », espérait même un administrateur d'EBE interrogé en 2018[152].

Pour d'autres, dont ATD Quart Monde, l'objectif premier n'est pas l'équilibre économique des EBE, mais l'accès de tous à l'emploi, en sécurisant cet équilibre par les contributions publiques nécessaires et en s'assurant que l'EBE fait de son mieux en termes d'activités et de maîtrise des charges. « L'expérimentation montre que le besoin de financement des emplois créés est nettement inférieur au coût des autres mesures en faveur de l'emploi mises en œuvre depuis près de trente ans (exonérations de cotisations sociales, crédit d'impôt pour la compétitivité et l'emploi, etc.). Compte tenu de l'objectif du projet, l'évaluation de l'expérimentation ne saurait se limiter au critère économique comme cela a été principalement le cas pour la première phase. Il convient donc, pour l'EBE et pour le projet, de définir des méthodes et des critères d'évaluation adaptés à leurs objectifs en s'inspirant d'autres expérimentations et recherches-actions traitant de

151. Danièle Linhart, « Imaginer un salariat sans subordination », *Le Monde diplomatique*, juillet 2017.
152. Didier Goubert, Claire Hédon et Daniel Le Guillou, *Zéro chômeur. Dix territoires relèvent le défi*, *op. cit.*

la gouvernance des biens communs au niveau territorial ou de la définition d'une norme comptable adaptée aux questions sociales et environnementales[153]. »

« Le modèle n'est pas équilibré et coûte à l'État », reconnaît l'économiste Olivier Bouba-Olga, qui a coordonné le travail du comité scientifique d'évaluation de l'expérimentation. Il ajoute : « Au sein du comité scientifique, on partage l'idée que cela coûte plus que prévu, mais, globalement, [notre] position générale est que ce n'est pas nécessairement grave, parce que cela permet de ramener à l'emploi des personnes qui étaient exclues du système. En termes d'intérêt général et d'action de l'État pour atteindre les gens exclus, le fait que cela coûte un peu n'est pas forcément grave. Mais il faut en avoir conscience[154]. »

Le projet permet également de développer en particulier des services aux habitants en situation de vulnérabilité, la lutte contre les fractures territoriales et une économie circulaire préfiguratrice de la transition écologique. Autant de tâches qui sont de la responsabilité de l'État, et qu'il finance d'ailleurs par nombre d'aides aux autres entreprises.

La contribution au développement de l'emploi apportée par l'État au projet ne serait-elle pas, dès lors, plus qu'une aide au poste, une reconnaissance de cette mission d'intérêt public, social et écologique qu'assurent les EBE ?

Restaurer le capital humain pour le compte de la société

L'expérimentation TZCLD permet de repenser l'emploi avec les salariés des EBE, mais aussi avec leur territoire et l'ensemble de la collectivité nationale qui contribue au projet

153. Daniel Le Guillou et Denis Prost, *Zéro chômeur. Mobilisez votre territoire pour l'emploi !*, *op. cit.*

154. Hélaine Lefrançois, « Là où le chômage n'existe plus », podcast « Travail (en cours) » de Louie Média, 2 avril 2021.

en y investissant des fonds publics, essentiellement sous la forme de la contribution au développement de l'emploi (CDE). À partir du moment où les capitaux humain et naturel seraient comptabilisés dans les EBE, cette CDE, souvent considérée comme une « subvention », pourrait-elle devenir plutôt le « paiement d'une prestation » nouvelle fournie par l'EBE à la collectivité ?

« [Les EBE] permettent l'effectivité du droit à l'emploi. Les juristes qualifient ce droit de "droit créance", c'est-à-dire que l'État doit être actif pour l'appliquer. [...] Dès lors, les EBE peuvent être vues comme le moyen par lequel on répond à cette obligation, à défaut de pouvoir embaucher directement les personnes privées durablement d'emploi dans les entreprises du territoire. Il apparaît donc que les EBE peuvent être assimilées à des sous-traitants du maintien des capitaux humains pour le compte de la société. [...] Ce changement de lecture est central. [...] Ainsi, l'allocation accordée pour chaque personne privée durablement d'emploi ne serait plus traitée comptablement comme une compensation du manque de profitabilité des activités réalisées. Elle serait à considérer comme l'achat d'une prestation de services de la société à son fournisseur qu'est l'EBE, prestation qui a pour but de s'acquitter de l'"obligation" découlant du droit à l'emploi. Cette simple restructuration des produits permet une nouvelle lecture de la valeur ajoutée des EBE : ce n'est plus une entreprise peu rentable et dépendante de subventions, mais au contraire une organisation utile et performante. [...] Ces questions [...] montrent comment la comptabilité peut permettre de structurer la compréhension des enjeux – bien au-delà des aspects strictement financiers. [...] Le cas spécifique des EBE ouvre par ailleurs la voie à une restructuration de l'information comptable des activités destinées à maintenir l'intérêt général. Le principe d'une reconnaissance de dettes de la société à l'égard de personnes dans le besoin peut être dupliqué à d'autres situations. De même l'identification de "sous-traitants" au respect de ces obligations pourra être répliquée au cas des services publics et à certaines entreprises de l'économie sociale et solidaire[155]. »

Cette restauration des capitaux humains que les CLE et les EBE effectueraient pour le compte de la société concerne l'accès à l'emploi mais impacte plus largement de nombreuses dimensions de la pauvreté mises en évidence par ATD Quart Monde et l'Université d'Oxford[156]. Elle brise l'isolement social ; elle s'appuie sur des compétences des personnes non ou peu reconnues ; elle prend en considération leurs peurs et souffrances en réfléchissant collectivement aux conditions de travail ; elle combat les maltraitances sociales et institutionnelles en proposant l'emploi inconditionnel ; par le CDI, elle facilite l'accès à des sécurités de base dans le domaine de la santé, du logement, etc.

Entrer concrètement dans la transition écologique

EmerJean à Villeurbanne (comme Actypoles-Thiers et d'autres EBE) développe une activité de laverie de couches lavables pour les crèches. Le marché est trop atomisé pour intéresser les blanchisseries. Afin de transporter ces couches, EmerJean met en œuvre un système de transport innovant par vélo. L'EBE développe également le reconditionnement de jeux et jouets pour les professionnels de la petite

155. Jean-Christophe Vuattoux, Daniel Le Guillou et Clément Carn, « Rendre visibles les dettes sociales et humaines par la comptabilité : le cas d'une entreprise à but d'emploi (EBE) », *Horizons Publics*, n° 26, mars-avril 2022.
156. ATD Quart Monde et Université d'Oxford, *Les Dimensions cachées de la pauvreté, recherche participative internationale*, *op. cit.*

enfance, le maraîchage urbain, la lutte contre la précarité énergétique, etc.

TZCLD fournit un cadre légal, économique, financier et méthodologique pour que des territoires disposent de moyens importants pour penser collectivement et mettre en œuvre de nouveaux modes de vie plus écologiques.

« Le scénario de la "reconversion écologique" consiste à prendre au sérieux les menaces très concrètes qui pèsent sur les conditions de vie futures de l'humanité et à considérer la préservation de celles-ci comme la priorité absolue, le cadre dans lequel doivent s'inscrire toutes nos actions. Il assigne à nos sociétés le respect d'un nouvel impératif supérieur à tous les autres : faire en sorte que les effets des actions publiques et privées soient compatibles avec "la permanence de conditions de vie authentiquement humaines sur terre" [Jonas, 1979]. L'intérêt d'un tel scénario est, sinon d'impliquer, au moins de rendre possible la résolution de la double crise de l'emploi et du travail[157]. »

La dimension écologique des Territoires zéro chômeur de longue durée se renforcera sans doute encore plus dans leur deuxième phase, 2021-2026, l'urgence écologique devenant plus prégnante qu'aux débuts du projet dans les années 2010. Le député Dominique Potier déclarait le 10 février 2016 à l'Assemblée nationale : « Imaginez la force d'une société qui dirait à des millions de chômeurs qu'elle a besoin d'eux pour la transition écologique, pour bâtir une nouvelle prospérité, recréer du lien social, redonner de l'humanité à nos vies, lutter contre la solitude [...]. Elle puiserait là sa véritable force [...] pour œuvrer pour un nouveau partage et faire une place à chacun. »

157. Dominique Méda, « Repenser le travail et l'emploi par l'écologie », *op. cit.*

CONCLUSION

Même si les Territoires zéro chômeur de longue durée ne sont encore qu'au milieu du gué, leur première phase expérimentale, de 2016 à 2021, montre que ce projet n'est comparable à aucune autre politique de l'emploi. Par son ambition, ses modes d'action et l'ampleur de ses impacts, il est bien plus qu'une simple initiative contre le chômage de longue durée. Comme le dit l'une de ses actrices, il « peut générer des dynamiques de coopérations inédites. Fragiles, mais réelles, ces coopérations peuvent être une des briques d'une transition systémique vers un autre modèle économique, social, écologique, culturel et d'implication citoyenne ». Il peut dessiner de nouveaux points d'appui pour les politiques publiques, les institutions et les collectivités territoriales, et également aider à rendre le travail plus soutenable pour tous et dans tous les milieux d'emploi. Il préfigure concrètement ce que pourrait être une « société des communs ».

La clé de sa réussite réside principalement dans sa capacité à associer pleinement, à égalité et dans la durée, autour des plus éloignés de l'emploi, tous les acteurs du territoire motivés par l'accès de tous à un emploi décent.

Les Territoires zéro chômeur de longue durée peuvent être un outil important de la transition écologique et sociale, avec leur faculté particulière de s'adapter en permanence aux besoins du territoire et aux capacités de leurs acteurs et habitants, sans exclusion. « La plasticité du projet – qui lui a permis de s'adapter à chaque contexte local et d'évoluer en fonction des circonstances – n'est pas une particularité temporaire liée au caractère expérimental de la démarche et qui disparaîtrait avec sa pérennisation. Elle est consubstantielle à TZCLD et constitue un facteur essentiel de sa réussite : "Ce projet est une dynamique et non un enlisement. Il grandit par correction permanente, sur un mode itératif et par un système apprenant" [Grandguillaume, 2022][158] » qui pourrait inspirer le fonctionnement plus large et permanent d'une « société d'expérimentation[159] ».

Au moment où les pouvoirs publics réfléchissent à la création d'un service public de l'insertion et de l'emploi, il faut espérer que celui-ci s'appuiera sur les fondements et enseignements du projet TZCLD[160] et que l'État reconnaîtra enfin que sa « mission première est de promouvoir une volonté politique de destruction de la misère », ainsi qu'il était écrit dans l'Appel à la solidarité lancé par Joseph Wresinski en 1977.

158. Daniel Le Guillou, Denis Prost, *Zéro chômeur. Mobilisez votre territoire pour l'emploi !, op. cit.*
159. Timothée Duverger, *Utopies locales. Les solutions écologiques et solidaires de demain,* Les Petits matins, 2021.
160. « Synthèse des propositions du groupe Capitalisation », site TZCLD, mai 2019.

LEXIQUE

Afest : projet actions de formation en situation de travail

APP : ateliers de promotion professionnelle

Care : comptabilité adaptée au renouvellement de l'environnement

CDE : contribution au développement de l'emploi

CLE : comité local pour l'emploi

Critères ESG : critères environnementaux, sociaux et de gouvernance

CSE : comité social et économique

EBE : entreprise à but d'emploi

Fonds ETCLD : Fonds d'expérimentation territoriale contre le chômage de longue durée

IAE : insertion par l'activité économique

IOD : dispositif intervention sur l'offre et la demande

Mrie : Mission régionale d'information sur l'exclusion

Spie : service public de l'insertion et de l'emploi

TAE : expérimentation « Travailler et apprendre ensemble »

TZCLD : Territoires zéro chômeur de longue durée

BIBLIOGRAPHIE

Approches de la pauvreté

ATD Quart Monde et Université d'Oxford, *Les Dimensions cachées de la pauvreté, recherche participative internationale*, 2019.

ATD Quart Monde et ISM Corum, « On n'est pas traité comme tout le monde. Discrimination et pauvreté : analyse, testings et recommandations », livre blanc, 2013.

ATD Quart Monde, *En finir avec les idées fausses sur les pauvres et la pauvreté*, 4e édition, éd. Quart Monde/l'Atelier, 2020.

« L'écrémage des pauvres : retour sur l'histoire », *Revue Quart Monde*, n° 260, 2021.

Xavier Godinot, « Leçons à retenir », *Revue Quart Monde*, n° 161, 1997.

Serge Paugam, Bruno Cousin, Camila Giorgetti et Jules Naudet, *Ce que les riches pensent des pauvres*, Seuil, 2017.

Jean-Pierre Pinet et James Jaboureck, « L'expérience de Rennes évaluée avec les bénéficiaires », *Revue Quart Monde*, n° 123, 1987.

David Robichaud et Patrick Turmel, *La Juste part*, Les liens qui libèrent, 2016.

Bruno Tardieu, *Quand un peuple parle*, La Découverte, 2015.

Frédéric Viguier, *La Cause des pauvres en France*, Presses de Sciences Po, 2020.

ATD Quart Monde et l'accès à l'emploi

ATD Quart Monde, « Toutes les mains sont utiles pour transformer la terre : étude sur les méthodes d'animation en milieu défavorisé expérimentées à la Maison des métiers à La Haye », 1991.

« Les ateliers de promotion professionnelle », *Revue Quart Monde*, n° 135, 1990.

Gérard Bureau, « La plus grande richesse », *Revue Quart Monde*, n° 217, 2011.

Emploi, chômage et précarité

Amandine Brugière, Camille Boullier, Odile Chagny, Thierry Rousseau et Clément Ruffier, « Alternatives organisationnelles et managériales : promesses et réalités ? », *La Revue des conditions de travail*, n° 12, juillet 2021.

Benoît Collombat et Damien Cuvillier, *Le Choix du chômage*, Futuropolis, 2021.

Thomas Coutrot et Coralie Perez, « Quand le travail perd son sens. L'influence du sens du travail sur la mobilité professionnelle, la prise de parole et l'absentéisme pour maladie », Dares, 2021.

Hervé Defalvard, *La Révolution de l'économie (en dix leçons)*, L'Atelier, 2015.

Laurent Duclos, « L'entrepreneur ne fait pas l'employeur : qu'est-ce qui définit l'employeurabilité ? », *Metis – Correspondances européennes du travail*, n° 6, juin 2007.

Laurent Duclos, Anne Fretel, Aurélie Gonnet et Léa Lima, « Croyances et représentations relatives au fonctionnement du marché du travail », *Socio-économie du travail*, n° 2, 2017, p. 15-44.

Laurent Duclos, « L'employeurabilité : définition(s), enjeux et perspectives », intervention à la commission évaluation du Conseil national de l'emploi, de la formation et de l'orientation professionnelles, 2018.

Marie-Anne Dujarier, *Le Management désincarné. Enquête sur les nouveaux cadres du travail*, La Découverte, 2015.

Marie Duru-Bellat, *Le Mérite contre la justice*, Presses de Sciences Po, 2019.

Serge Ebersold, « L'invention de "l'inemployable" ou l'entrepreneuriat comme modèle de cohésion sociale », *Regards sociologiques*, n° 21, 2001.

Anne Fretel, Béatrice Touchelay et Marc Zune, « Contrôler les chômeurs : une histoire qui se répète (forte de ses croyances et à l'abri des réalités) », *Revue française de socio-économie*, n° 20, 2018.

David Graeber, *Bullshit Jobs*, Les liens qui libèrent, 2018.

Hans Jonas, *Le Principe responsabilité*, Le Cerf, 1979.

Linda Lavitry, « Le jugement d'employabilité : un nouveau savoir pour gérer les chômeurs ? », *Sociologies pratiques*, n° 24, 2012.

Danièle Linhart, *Travailler sans les autres ?*, Le Seuil, 2009.

Danièle Linhart, *La Comédie humaine du travail. De la déshumanisation taylorienne à la sur-humanisation managériale*, Érès, 2015.

Patrick Mayen et Catherine Mayeux, « Expérience et formation », *Savoirs – Revue internationale de recherches en éducation et formation des adultes*, L'Harmattan, 2003.

Pascale-Dominique Russo, *Souffrance en milieu engagé. Enquête sur les entreprises sociales*, Éditions du Faubourg, 2020.

Bertrand Schwartz, *Moderniser sans exclure*, La Découverte, 1994.

Marc Zune, Didier Demazière et Élise Ugeux, « Les expériences de l'exclusion du chômage. Recherche qualitative », UCL, 2017.

L'expérimentation « Territoires zéro chômeur de longue durée »

Anne Fretel, Florence Jany-Catrice (dir.), « Une analyse de la mise en œuvre du programme expérimental visant à la résorption du chômage de longue durée dans le territoire urbain de la Métropole de Lille », rapport intermédiaire pour la Dares, 2019.

Didier Goubert, Claire Hédon et Daniel Le Guillou, *Zéro chômeur. Dix territoires relèvent le défi*, éd. Quart Monde/L'Atelier, 2019.

Laurent Grandguillaume, « L'exhaustivité est une boussole, l'altérité est son aiguille », *Revue Quart Monde*, n° 261, 2022.

Daniel Le Guillou et Denis Prost, *Zéro chômeur. Mobilisez votre territoire pour l'emploi !*, éd. Quart Monde/L'Atelier, 2022.

Jacques Nikonoff, « "Un travail pour tous" », *Revue Quart Monde*, n° 161, 1997.

Véronique Soulé, *Un emploi, c'est mon droit*, éd. Quart Monde, 2018.

Patrick Valentin, « Des entreprises à "but d'emplois" », *Revue Quart Monde*, n° 161, 1997.

Biens communs, ESS et pouvoir d'agir

Marie-Hélène Bacqué et Carole Biewener, *L'Empowerment, une pratique émancipatrice*, La Découverte, 2013.

Benjamin Coriat, *Le Renouveau des communs ou la crise de l'idéologie propriétaire*, Les Liens qui libèrent, 2015.

André Decamp, *Éducation populaire. Nouvel eldorado des start-up sociales ?*, Libre & solidaire, 2021.

Jean-François Draperi, *Ruses de riches. Pourquoi les riches veulent maintenant aider les pauvres et sauver le monde*, Payot, 2020.

Timothée Duverger, *Utopies locales. Les solutions écologiques et solidaires de demain*, Les petits matins, 2021.

Sandrine Frémeaux, *L'Entreprise et le bien commun*, Nouvelle Cité, 2022.

Elinor Ostrom, *Gouvernance des biens communs, Pour une nouvelle approche des ressources naturelles*, De Boeck supérieur, 2010 [Cambridge University Press, 1990].

Nouveaux indicateurs et comptabilité élargie

« Mesurer le bien-être et la soutenabilité », *Revue de l'OFCE*, n° 145, 2016.

Coop des Communs, « Comptabilité et communs. L'apport de la méthode Care. Un point d'étape », 2020.

Rencontre organisée par la Coop des Communs, « Care, méthode comptable multi-capitaux, peut-elle contribuer à éclairer et guider votre projet ? », 3 mai 2022.

Florence Jany-Catrice et Grégory Marlier, « La santé sociale des nouvelles régions françaises et son évolution (2008-2016) », septembre 2020.

Karl William Kapp, *Les Coûts sociaux de l'entreprise privée*, Les petits matins/Institut Veblen, 2015.

Dominique Méda, « Promouvoir de nouveaux indicateurs de richesse : histoire d'une cause inaboutie », Fondation Maison des sciences de l'homme, juin 2020.

Jacques Richard et Alexandre Rambaud, *Révolution comptable*, L'Atelier, 2020.

REMERCIEMENTS

Nos remerciements vont aux personnes privées durablement d'emploi, aux membres d'ATD Quart Monde et à tous les acteurs des Territoires zéro chômeur de longue durée qui mettent tant d'énergie dans la construction de cette « utopie réaliste ». En plus des personnes citées au fil du texte, nous tenons à remercier particulièrement Claude Alphandéry, Sylvie Alphandéry, Jean-Paul Boyer, Camille Dorival, Denys Cordonnier, Chloé Herla, Philippe Jauffret, Daniel Le Guillou, Isabelle Loss, Denis Prost, Emmanuel Ratouit et Geoffrey Renimel pour leur soutien et leurs apports.

Nos remerciements vont également à la Fondation Charles Léopold Mayer pour le progrès de l'Homme pour son soutien à l'édition de cet ouvrage.

Merci pour leur soutien à :

Olivier Legrain et

ESS France

Fondation Crédit Coopératif
POUR UNE ECONOMIE SOCIALE ET SOLIDAIRE

le labo
DE L'ECONOMIE
SOCIALE ET SOLIDAIRE

Alternatives Economiques
Association

Mondes en transitions

Collection dirigée par Camille Dorival

Déjà parus :

Thierry Jeantet, *Économie sociale et solidaire : la clé des possibles*, 2021

Timothée Duverger, *Utopies locales. Les solutions écologiques et solidaires de demain*, 2021

Arnaud Lacan, *À la reconquête du travail durable*, 2021

Camille Dorival, *La Transition écologique ici et maintenant*, 2021

Sébastien Chaillou-Gillette et Stéphane Pfeiffer, *Un « notre monde » est possible*, 2022.

Jérôme Saddier, *Pour une économie de la transformation. Faire de l'ESS la norme de l'économie de demain*, 2022.

Bastien Sibille et Hugues Sibille, *Être radical. Dialogue entre deux générations pour transformer l'économie*, 2022.

Achevé d'imprimer en septembre 2022 par Laballery (France)
Numéro d'impression : 209190
Dépôt légal : octobre 2022